____________________ 님께

작은 마음을 담아 드립니다.

____________________ 드림

불가능의 성취

不可能의 成就

불가능의 성취

주삼환 교육칼럼

학지사

머리말

20대 말 청년교사 시절에는 내 집 마련이 소원이었다. 어느 복덕방(부동산 소개소)에 들렀을 때 한 할아버지 중개인이 신림동의 진구렁 땅을 권했다. 몇 년 안 가 거기가 좋아질 거라고 했다. 세상 물정을 모르던 20대의 나는 혹시 땅을 소개하고 소개비를 벌기 위해 경험 없는 젊은이를 속이려는 것은 아닌가 하고 의심어린 말을 하였다. 그때 복덕방 할아버지는 하소연 겸, 한탄 겸 나에게 말하였다.

"이보게 젊은이, 내 나이 70이요, 얼마나 더 살게 될지 모르는 내가 젊은이에게 거짓말을 하면서 살겠소?"

노인의 이 말은 당시 나에게 큰 충격이었다. 비록 복덕방을 하고 있을지라도 나머지 인생을 참되게 살려는 노인을 너무 쉽게 의심하고 함부로 말했던 나는 얼마나 미안하였는지 모른다. 나는 평생을 그 할아버지에게 죄와 빚을 지고 살아온 셈이다.

이제 내가 꼭 그 나이의 할아버지가 되었다. 준비 없이 정년을 맞았듯이, 준비 없이 한 교육자의 삶이 마감될까 봐 걱정이다. 나에게도 달걀의 학생 시절과 햇병아리 교사 시절이 있었던 것을 의식하고 그동안 썼던 글들을 찾아보게 되었다. 달걀과 햇병아리 때는 겁도 없이 불가능도 성취한다고도 했고, 바보처럼, 그리고 잡초와 같이 살겠다고도 했고, 나만의 길을 가고 마지막 요새 교육을 지키겠다고도 했다. 그러나 정년을 맞으면서는 나의 파트너인 제자를 충분히 사랑하지 못했다고 교육고백을 하고 말았다. 그러나 나의 인생 정산 결과 청년교사 시절이나 정년을 맞은 지금이나 변한 것은 별로 없다는 것이다.

이 책은 제1부에서 정년을 즈음한 소회, 제2부에서는 최근의 교원평가와 무자격 교장제에 관한 비평의 글 중에서 책으로 묶이지 못했던 것을 모았다. 제3부~제5부에서는 교육자의 달걀 상태인 서울교육대학교 학생 시절의 생각과 햇병아리 교사 시절의 생각을 묶어 제1, 2부와 대비시켜 보고자 하였다. 불가능의 성취라는 도전(제3부)과 바보교육, 잡초교육(제4부)을 하면서 나름대로 소처럼 뚜벅뚜벅 마이웨이(제5부) 교육자의 길을 걷겠다고 한 시절이 있었다.

이렇게 지나간 글을 모아놓은 것은 나 개인의 교육자 인생을 정산해 보는 의미도 있고, 흩어지고 사라질 생각과 글을 압축해 놓는 의미도 있지만, 장래의 교육자나 현재의 젊은 교육자에게는 우리나라 교육의 과거를 알고 이해할 수 있게 하는 의미도 된다. 오늘의 젊은 교사들은 우리가 1960~1970년대에 80~100명의 학생을 한 학급에 몰아넣고 2부제, 3부제, 심지어는 4부제의 수업을 했다고 직접 말하지 않으면 그런 과거의 실상을 알 수 없을 것이다. 이에 따라 젊은 교육역사학자들이 나에게 과거의 흔적을 남겨 놓기를 간곡히 권하였다.

장래의 교사, 젊은 교사, 학부모에게 이 책이 조금이라도 도움이 되었으면 하는 바람이다. 아마도 교육자와 학부모를 위한 선물용 도서로 좋은 선택이 될 것으로 본다. 교육자로서 자기 자신의 인생을 내다보고 설계하는 데 참고가 되길 기대한다. 과거를 정리할 기회를 준 동반자 학지사에 감사한다.

2009년 9월

저자 주 삼 환

차 례

제 4부 바보 교육론

제 5부 마이 웨이

Making Im Possible a Possible

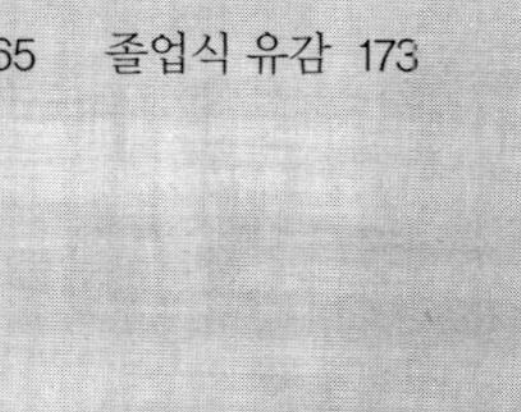

제1부

나의 교육고백

나의 교육고백

근무하던 충남대학교의 인문대학장이 정년퇴임 환송회를 열어 준다고 참석해 달라고 벌써 네 번째 전화를 했다. 나는 쑥스럽고 왠지 부끄러워 정년퇴임 기념식 같은 것은 참석하지 않는다고 여러 번 선언했었다. 식장에 앉아 있으려면 주위 사람의 찬사로 퇴임하는 사람이 갑자기 훌륭한 사람으로 돌변하는 것을 너무 많이 봐 왔기 때문에 내가 그런 식장에서 찬사를 듣고 앉아 있을 수 없다고 생각하여 나 자신은 정년퇴임식 같은 것은 안 한다고 결심했다. 학장이 네 번씩이나 참석해 달라고 간청하니 학장의 일을 그르칠 수도 없고, 얼굴만 보이기로 했으나 귀중한 교수님들이 참석하는데 그래도 한마디 해야 할 것이 아닌가? 그래서 고백 아닌 나의 교육고백을 하게 된 것이다.

'교(敎)' 자와 붙어 산 지 45년

1962년 서울교육대학교에 입학하면서 가르칠 '교(敎)'자와 인연이 되어 2007년 8월말 정년하는 시간까지 45년 동안 가르칠 교자 한 가지만을 붙들고 살아왔다. 뭐 잘났다고 남을 가르치겠다고 달려들었는지 모르겠다. 남을 가르치기 전에 나를 먼저 가르쳤어야 하는 데 말이다.

교육행정의 교행(敎行)과 함께한 것이 약 35년이다. 1973년 서울대학교 교육대학원 교육행정전공 석사과정에 들어가 교육헝정의 교행과 붙어 산 지 약 35년이 흘렀다. 35년 동안 교행을 뚫으려 해 보았어도 뚫지 못했고, 우리나라 교육행정은 여전히 문제투성이다. 주삼환은 그동안 무엇을 했단 말인가? 염치가 없다.

충남대학교의 '충(忠)' 자와 함께한 것은 4반세기, 즉 25년이다. 20세기와 21세기의 두 세기를 살아가는 행복했던 시절을 정리해야 할 이 시점에서 42.195km의 공직 마라톤을 무사히 완주하게 된 것에 감사할 뿐이다.

'교(敎)' 자 생활(45년)은 반성과 후회의 연속 솔직히 말하여 '교' 자가 무엇인지도 모르고 먹고 살기 위해서 교직으로 출발했었다. 가르치는 일을 좋아하기는 했으나 즐기지는 못한 것 같다. 그동안 제자를 충분히 사랑하지 못한 것 같다. 열심히 가르치려고 했던 것은 사실이나 학생에게 따뜻하게 대하지 못했던 것 같다. 아마도 그들에게 나는 차갑고 엄하게만 느껴졌을 것이다. 교육학과의 어떤 신입생은 선배들이 나를 '칼맨'이라고 부른다는 말을 하였다. 나는 속으로 무슨 음악가란 말인가 하고 의아하게 생각했는데, 나를 가리켜 '칼 같은 사람'이라서 '칼맨'이라고 한다는 것이다.

또 그동안 나 자신이 배울 생각은 안 하고 그저 무조건 남을 가르칠 생각만 한 것 같다. 나 가르칠 생각보다 남 가르칠 생각만 한 것이 문제일 것이다. 내가 가르친 것의 1/10만이라도 내가 먼저 행동으로 실천했더라면 보다 나은 나를 살았을 것이다. 5관을 통한 입력보다 말과 글을 통한 출력이 과도하다보니 골빈 생활을 하고 적자 인생을 산 것이 아닌가? 최소한 네 개를 보고 듣고 하나를 밖으로 쏘아야(눈 2, 귀 2: 입 1) 깊이 있는 가르침이 되었을 것 아닌가? 학생을 가르치지 않고도 그들이 스스로 배우게 하는 방법은 없었을까? 교(敎) ⇨ 학(學) ⇨ 행(行)으로 연결되지 못했던 것 같다. 내가 가르친 것을 학생이 과연 얼마나 배우고 또 나아가 얼마나 실천으로 옮겼을 것인가? 내가 가르친 대로 학생이 인생을 살지 않는다면 나는 그동안 헛소리를 한 것이 아닌가?

주삼(3)환(H)의 3H는 Head(찬 머리, 이성) ⇨ Heart(따뜻한 가슴, 감성) ⇨ Hand(날랜 손발, 과감한 행동, 실천), 또는 Heart ⇨ Head ⇨ Hand에서 손발, 몸으로 실천이 안 되면 모든 게 무의미한 것이 아닌가? Head로 가르칠 것인가? Heart로 가르칠 것인가? 몸으로, 손발 실천으로 가르치자니 가르치는 일이 어려웠던 것이다. 그러나 확실한 것은 '우리의 교육 몸으로 가르치는 것(나의 책 제목의 하나)'이다. 교육행정의 교(敎)와 행(行)이 일치하는 교행(敎行)이 되어야 하는 것이다.

교행(35년)의 이론과 연구, 실제 교육행정을 35년 동안 배우고 가르쳤지만 나만의 이론이나 학설이 없었으니 나를 교육행정 학자라고 생각하기는 어렵다. 연구도 신통치 않다. 연구다운 연구, 걸작도 없다. 50여 권의 저서, 역서가 있으나 이렇다 할 연구물도 별로 없다. 교육행정가로서의 실제 경험도 별로 없으니 교육행정 실천가라고 부를 수도 없다. 학자로 분류되기도 어렵고 교육행정 실천가로 분류되기도 어려운 것이다. 나 자신은 그저 한 명의 '교육자' 였다고 불러 주었으면 좋겠는데, 제자를 충분히 사랑하지 못했으니 인간적인 교육자였다는 소리도 듣기 어렵게 되었다. 이것도 반성감이다.

국내용 교수로 끝나는 것이 아쉽다. 내 생각 중에는 그래도 국제 무대에 내놓을 만한 것이 있었을지 모르는데, 우리말로만 쓰고 가르치다보니 국내용 교수로 끝나게 된 것이다. 그래도 내 모교 미국 미네소타대학교에서 'Distinguished International Alumni Award'로 인정해 준 것은 조금 자랑스럽기도 하고 과분하기도 하다. 내 제자들과 후배들은 외국어도 잘 하니 국제 무대로 뻗어나가기를 빈다.

자식교육=제자교육-잘하지 못해 반성, 그러나 잘 커 주어서 감사 첫째, 내 아이들을 전적으로 믿고, 자기 일은 자기가 결정하여 살도록 모든 일을 맡기고, 되도록이면 간섭하려고 하지 않았는데, 이는 지금 생각해도 약간은 잘한 것 같다. 그러나 한편으로는 어린 아이들에게 어려서부터 너무 큰 부담을 준 것 같아 미안한 생각도 든다. 나는 내 아이들에게 과외도 안 시키고, 학원도 안 보냈다. 그러니 아이들이 얼마나 힘들었을 것인가? 나는 아이들에게 '공부해라' 소리를 한 번도 하지 않았다. "네 인생은 네가 선택하여 살아라."라고 한 것이 나의 자식교육의 전부다. 나는 이런 면에서 한편 잔인한 아빠였다.

둘째, 될 수 있으면 아이들 앞에서는 모범을 보이는 체라도 하려고 하였다. 공부하는 체 하려고 하였다. 근검절약, 원칙을 지키며, 남에게 피해를 주지 않으려고 하였다. 나는 불신받고 무시당하는 것을 제일 싫어했다. 그래서 우리 아이들도 그것을 제일 싫어한다. 아이들과 제자들은 믿음을 먹고 자랐다. 나는 주례의 말을 할 때가 제일 어려웠다. 나는 잘하지 못하면서 새 출발의 신랑신부에게는 잘하라고 하면 안 되기 때문에 주례가 힘들었다. 아이들과의 약속을 귀중하게 여기려고 했고, 특히 나 자신과의 약속을 지키려고 하였다. 나 자신의 결심을 변치 않게 하려고 했다. 나는 자식과 제자를 두려워한다. 그래서 어버이날과 스승의 날에 꽃을 받을 때가 제일 무섭다.

셋째, 비교적 강인하게 키우려고 했다. 나는 신체적인 건강을 나의 부모님으로부터 받았고, 또한 자식에게 물려주려 했다. 딸 셋에게 전문직으로 일해야 차별받지 않고 산다고 어려서부터 가르쳤다. 단련 담금질(discipline, 학문)도 수없이 하려 했다. 겉사랑 아닌 속사랑을 하려고 하다보니 오해를 받기도 하였고, 사랑을 보여 주지 못했다. 보여 줄 수 있는 사랑은 아주 작다. 나는 나의 이미지 관리에 실패(반성)한 셈이다. 때로는 잘난 척도 했어야 하는데……. 나는 제자나 자식을 사나운 사자새끼로 키우고 싶었다.

'충(忠)' 자와의 25년 나는 충남대학교에 뿌리 내리려 했다(그래서 부임하던 25년 전에 기부금을 내서 한 그루의 은행나무를 나의 연구실

가까이 심었다). 나는 나를 대학교수로 인정해 준 충남대학교를 사랑하고, 또 수많은 강의와 저작물을 통하여 나의 보금자리 충남대학교 홍보도 많이 했다. 그러나 충남대학교로부터 받은 것이 더 많다. 오늘 이 시간도 받기만 하고, 또 영광스럽게 물러나게 해 주어 감사할 뿐이다. 그런데 국가에 너무 충성할 필요는 없다고 본다. 얼마 전부터 정부는 교육자를 배신으로 몰아치고 있다. 나에게 다시 교직을 시작하라고 하면 나 자신과 가정, 제자에게 더 충실하고 충성하고 싶다.

25년 전 충남대학교에 조교수로 부임할 때 부임 기념으로 기부금을 내어 충남대학교 인문대학 근처에 1982년 3월 23일 심었던 나의 왼쪽 나무가 2007년 8월 31일에 정년할 때쯤에는 오른쪽 나무와 같이 변하는 동안 나의 모습은 사진과 같이 변했다.

학생들은 이 나무를 '아낌없이 주는 나무'라고 이름을 붙였는데, 이 나무와 다음 글을 넣어 사진엽서로 만들어 나에게 한마디씩 하고 싶은 말을 써 주었다.

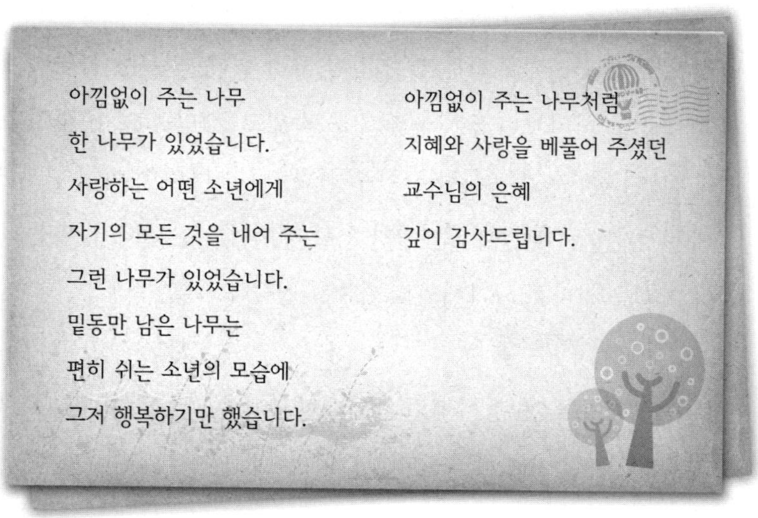
아낌없이 주는 나무
한 나무가 있었습니다.
사랑하는 어떤 소년에게
자기의 모든 것을 내어 주는
그런 나무가 있었습니다.
밑동만 남은 나무는
편히 쉬는 소년의 모습에
그저 행복하기만 했습니다.

아낌없이 주는 나무처럼
지혜와 사랑을 베풀어 주셨던
교수님의 은혜
깊이 감사드립니다.

충남대학교 부임 기념 식수(1982. 3. 23.) 정년 시 나무(2007. 8. 31.)

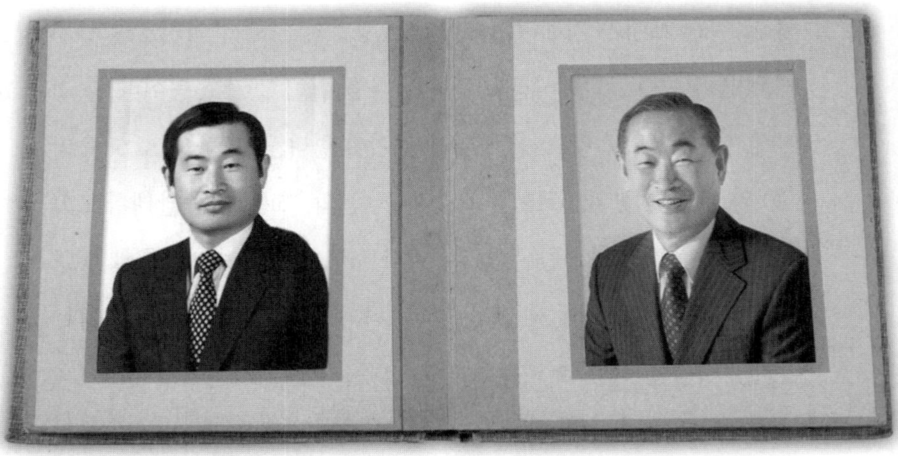

충남대학교 부임 시 저자(1982) 정년 시 저자(2007)

사람들이 자꾸 물어본다 퇴임 후에 무엇을 할 것이냐고. 나는 대답한다. 아무 계획 없다고. 이제부터 나는 그야말로 자유인(自由人)이다. 자유인은 시간적으로 부자다. 그동안 원 없이 강의와 강연을 했고, 원 없이 글과 책을 썼고(50여 권), 원칙에 어긋났다고 생각하는 것은 불이익을 감수하면서 원 없이 비판도 했다. 그동안 박수도 많이 받았고, 나의 교육칼럼을 읽은 사람들로부터 시원했다는 소리도 많이 들었다. 반면에 특정 집단에서는 나를 많이 미워했을 것이다(이 점에서는 아쉬움 없다). 앞으로는 몰라도 그동안 행복했고 또 지금도 행복하다.

나에게 더 활용할 가치가 남아 있고, 또 쓸모가 있다고 하는 곳이나 사람이 있다면 그곳, 그 사람을 위해서 일할 것이다. 그러나 무료해서, 시간 보내기 위해서, 내 이익을 챙기기 위해서 억지로 일하지는 않을 것이다. 그럴 시간이 있다면 나를 위해 밀린 운동이나 할 것이다. 나를 필요로 하는 곳에 내가 있어야 한다. 정년을 해도 교육의 '교'와 교육행정의 '교행', 교육과 실천의 '교행', 충남대학교의 '충'을 영원히 떠나지는 못할 것 같다. 45년, 35년, 25년 같이 했던 그 근처를 영원히 맴돌게 될 것 같다. 나와 인연을 맺었던 그곳 커뮤니티의 사람들, 아마 여러분이 더욱 그리울 것이다.

여러분 고맙습니다. 많은 빚을 지고 갑니다. '충'과 여러분의 건강과 행운을 빕니다.

(충남대학교 인문대학 교수연수회 · 정년 환송회, 2007. 8. 23.)

한국 교육행정학의 국제적 리더십

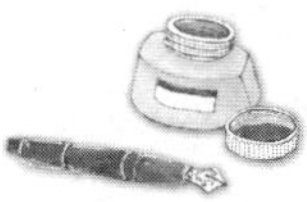

학회에 특별한 기여도 못하였는데, 1998년에 부회장이 되었다. 부회장으로서 1998년 10월 18일 일본 규슈대학교에서 열리는 한 · 일 교육행정학 공동세미나에 참석해 보니, 우리나라 측의 양해도 없이 중국, 태국, 말레이시아 대표가 참석하여 발표를 하고 있어 일종의 아시아 교육행정학 세미나가 되었다. 그리고 지금도 그렇지만 일본 전체 교육행재정학회 일부분의 행사로 마지막 날에 한 · 일 세미나가 열려 참석자도 적고 일본 측에서 별로 이 한 · 일 교육행정학 공동세미나에 관심을 집중하지 않는다는 인상도 받았다. 그리고 더욱 기분 나쁜 것은 우리와 상의도 없이 '한 · 일' 세미나를 '아시아' 세미나로 일방적으로 확대시킨 것이었다. 아마 그때 일본 측에서는 어디서 재정 지원을 좀 많이 받은 모양이었다. 그때 나는 일본이 아시아에서 교육행정학의 주도권을 잡으려는 의도가 아닌가 하는 의심을 강하게 품게 되었다.

1999년에 학회장이 되어서는 교육행정학에 관해서 아시아에서 우리가 주도권을 일본에게 순순히 넘겨주고 싶지 않은 것이 나의 심정이었다. 그래서 1999년의 한·일 교육행정학 공동세미나를 그야말로 국제세미나의 흉내라도 내고 싶은 욕심을 부리게 되었다. 그래서 국제학술대회를 회장의 중점 사항으로 생각하고 국제학술위원장으로 세종대학교 임천순 교수를 모시고, 위원으로 곽영우, 남만순, 박남기, 최영표, 김성열, 신현석, 임용순을 모시고 한국학술진흥재단에 국제학술대회 지원 신청을 하였다. 그런데 한국학술진흥재단의 결정이 5, 6월까지도 나지 않아 일을 추진하기가 어려웠다. 최종적으로는 국제학술위원장에게 회장이 사비라도 2천만 원을 댈 테니 추진하라고 했다. 다행히 학술대회 직전에 한국학술진흥재단에서 7백만 원의 지원이 나오고, 한국교육개발원, 한국직업능력개발원, 한국교육과정평가원, 대전교육감 등 몇몇 교육감, 그리고 우리 회원으로 총장을 하시는 분들이 1백만 원, 50만 원씩 도와주고, 특히 신현석 위원이 근무하던 한남대학교에서 장소, 버스, 직원 등의 전폭적인 지원을 받아 약 2천만 원의 국제학술대회를 성공적으로 마칠 수 있었다.

그래서 제6회 한·일 교육행정학 공동세미나는 1999년 9월 17일 한남대학교에서 '학교단위 자율책임경영제(School-Based Management: SBM)' 라는 주제하에 이 분야의 세계적 대가인 Brian Caldwell(오스트레일리아)을 비롯하여 미국 Thomas Penland, 홍콩 Ng Ho Ming, 한국 Seung-yul Kim, 일본 Toyokazu Urano의 5개국 대표의 발표와 5명의 토론이 세련된 영어를 구사하는 임천순 교수의 사회로 성공리에 치러졌다. 호주와 미국, 홍콩의 대표는 위원장의 노력으로 각 나라 주한대사와 주제 분야의 권위자의 추천을 받아 선정되었다. 당시 참석했던 회원들은 기억나겠지만, 홍콩 대표가 오는 도중에 태풍으로 세미나에 참석하지 못하여 토론자인 충남대학교 천세영 교수가 하루 저녁 내 발표 준비를 하여 대신 발표를 하고 또한 토론도 하는 영어 실력과 순발력을 발휘하였는데 사람들은 그렇게 좋은 논문을 그때까지 읽은 적이 없다고 그 논문을 평하였다. 홍콩 대표는 세미나가 끝난 후에 도착하여 Korea House를 비롯하여 우리나라 고궁도 관람하고 각종 수당도 다 지급받았다. 물론 Caldwell 교수도 연구기관 방문 등 약간의 관광 안내까지 하였고, 외국인 참석자들에게 한남대학교의 버스로 부여 관광까지 제공하였다.

당시까지 모학회인 한국교육학회에서도 국제세미나를 한 적이 없는데 우리 한국교육행정학회에서 국제대회를 먼저 개최하는 영광을 우리가 가져서인지 우리학회 창설자 1세대 회장님들을 비롯하여 많은 원로 학자께서 참석하여 회의 시작 전에 내가 잠깐 소개한 기억이 난다. 무엇보다 세미나장을 빛나고 의미 있게 한 사람은 당시 부회장이었던 서울대학교 이종재 교수다. 그 짧은 시간에 영어로 된 세미나 발표물을 우리말로 번역하여 번역본을 제공하고 서울대학교의 교육행정연수원 연수생인 교장선생님들을 버스 2대로 세미나장에 참석시킨 것이었다. 그래서 그 큰 세미나 장이 꽉 차 세미나 자료가 동이 나게 되었다. 그 이후로 SBM은 많은 사람의 연구 주제와 논문 주제가 되기도 하였다.

그런데 우리가 통역 없이 영어로 국제세미나를 거창하게 개최하게 되니 영어에 불편을 느낀 일본 회장은 몹시 심기가 편치 못했던 모양이다. 그래서 그다음 해부터는 지금 형태의 한 · 일 두 나라 대회로 다시 돌아가게 되었다. 우리가 한 · 일 교육행정학 공동세미나를 통하여 일본에게서 배울 것도 많을 것이다. 그러나 일본의 교육행정은 자치제, 관료와 관리의 독주라는 측면에서 최악이라는 것을 알아야 한다. 이제 우리는 교육행정학에 관해서는 국제적으로 리더십을 발휘해야 한다고 생각한다. 최소한 아시아교육행정학회를 우리가 주도적으로 이끌어 갈 생각을 해야 한다.

당시 수고해 준 부회장, 국제학술위원과 발표 · 토론자, 참석자, 재정적으로 후원해 주신 분들, 사무국장 이석열(현 남서울대학교), 간사 이미라(현 한국교육개발원) 박사에게 이제서야 감사하다는 말을 전한다. 열심히 하려고 하면 도와주시는 분들도 생긴다는 것을 그때 배우게 되었다. 그리고 도움을 받으려면 먼저 미움받지 말고 살아야겠다는 것도 느꼈다.

1999년은 새로운 밀레니엄을 맞는 시기였다. 그래서 연차대회를 '새로운 세기의 한국교육행정의 변화와 전망'으로 잡아서 학술위원장이었던 한국외국어대학교 윤종건 교수를 비롯하여 허병기, 주철안, 신현석, 김재웅 교수가 주제 발표를 하였는데, 나중에 이들은 발표물을 정리하여 저서로 출판했다. 이 주제는 학회로서 아직도 유효하다고 본다. 한국교육행정학을 새 시대에 맞는 형태로 변모시키지 못하면 우리의 교육, 나아가서 우리나라는 새로운 도약을 하기 어렵다고 보기 때문이다. 한국교육행정학이 국제적으로 새로운 형태로 변모되기를 기대한다.

국제학술세미나의 뒷이야기(behind story)의 한 조각을 기대되는 젊은 학자들에게 남겨두고, 가르칠 '교'자와 붙어 산 지 45년, 교육행정의 '교행'과 함께한 지 35년, 충남대학교 '충'자와 함께한 25년을 뒤로 하고 이제는 무대의 뒤로 돌아가야겠다.

(한국교육행정학회소식지, 제91호.)

가르치는 교육행정과 행정하는 교육행정

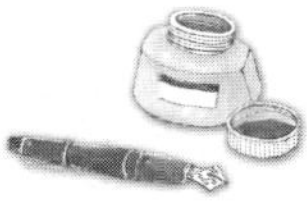

필자가 가르칠 교(敎)자와 붙어산 지 45년(1962년 서울교육대학교 입학부터 2007년 8월 31일 충남대학교 정년까지), 교육행정의 교행(敎行)과 함께한 지 약 35년(1973년 서울대교육대학원 교육행정 석사과정 입학), 박사학위를 취득(1981년 8월 21일)한 다음, 교수 생활(1982년 1월 16일) 약 25년의 4반세기 동안의 행복했던 시절을 정리해야 할 시점에 이르렀다. 최근 연구실과 서재를 정리하고 책을 기증하는 과정에서 그동안 보관했던 제자와 여러 사람에게 받은 편지와 연하장, 각종 축하 및 감사카드들을 다시 읽으며 이들의 간절한 기원과 도움, 기대의 덕으로 내가 오늘 42.195km의 공직 마라톤을 무사히 완주하게 되었구나 생각하며 다시 한 번 이들에게 감사하게 된다.

'교'자 생활은 반성과 후회뿐이다. 우선 특별한 사명감 없이 먹고 살기 위한 동기로 '교'를 출발하였기에 부끄럽게 느껴진다. '교'를 좋아하기는 했지만 진정으로 즐겼는지는 의문이다. 그러다보니 진정으로 제자들을 충분히 사랑해 주지 못한 것 같아 미안하기만 하다. 가르치고자 하는 열정도 점점 식어진 것 같다. 열정이 사라진 자리에는 권태가 자리 잡게 된다. 가르치는 방법에도 아직 프로의 자심감이 없다.

교육행정의 교행(敎行)을 접한 것은 서울교육대학교 재학 시절이지만, 실제로는 1973년 서울대학교 교육대학원에서 고 김종철 교수님, 고 강길수 교수님, 김영식 교수님 등 세 분의 교육행정 1세대로부터다. 지금까지 수많은 교육행정 교과서들이 쏟아져 나왔지만 아직 이분들의 범위와 수준을 뛰어넘지 못하는 것 같아 죄책감을 느낀다. 석 · 박사를 포함하여 10여 년간 교행을 공부하고 1982년부터 교행을 25년간 가르쳐 온 셈이다.

교행의 이론과 연구, 실제를 생각해 볼 때 나는 남의 이론을 흡수하고 이해하고 전달하는데 그쳤지 내 자신의 이론과 학설을 만들어내지 못했다. 그러니 한 번도 내 목소리의 강의를 하지 못한 셈이다. 연구도 연구다운 연구를 별로 하지 못했다. 석사논문이 Herzberg 동기이론 검증, 박사논문이 관료제와 전문직 주의에 관한 것이어서 조직론 쪽에 기울었는데, 장학론 책을 번역하고 임상장학을 우리나라에 소개하면서 장학론에 관한 외부 강의와 연구, 집필 요구가 많아져 타의에 의하여 지금까지 장학론과 교장론 전문가 행세를 하게 되었다. 결국 남이 오늘날의 나를 만들어 온 셈이다. 그런데 이런 남의 요구가 그렇게 싫지도 않았고, 이러한 생활은 그런대로 보람도 있었다고 생각된다. 50여 권의 저 · 역서가 있고 현재도 40여 권이 출판되고 있지만, 모두 남의 요구에 의하여 강의 및 강연을 하고 게재했던 글들을 편집한 것이고, 『장학의 이론과 기법』 한 권만 계획적으로 쓴 것이다. 그리고 번역서는 내가 학문의 부족을 느껴 공부하고 원서를 독파하여 내 것으로 만들기 위해서 시작했던 것인데, 지금 생각하면 잘했던 전략이었던 것 같다. 나의 계속적인 관심은 교육행정철학과 윤리, 가치의 문제인데, 지금까지 시원하게 파헤치기는 고사하고 제대로 건드리지도 못하고 있는 셈이다.

교행의 실제는 나의 최대의 약점이다. 초등교사 15년은 교사 경험에 불과하고, 부장교사, 학과장, 연구소장, 교무부처장, 평생교육원장, 한국대학교육협의회 평가관리부장, 인문사회연구회 이사 등은 교수라면 누구나 하는 그런 것이고, 행정가로서의 행정 경험 실제는 없는 셈이다. 결국 내 교행 강의는 실제에 바탕을 둔 강의가 되지 못한 것이다. 이런 반성에서 『교육행정사례연구』라는 책으로라도 실제를 보완하려고 했다. 결국 교행 이론, 연구, 실제 모두에 부족을 느끼고 이 셋의 화음을 맞추기에는 더욱 부족했을 것이다.

교행 이론과 연구 모두 부족하니 나를 교육행정 학자로 분류하기는 어려울 것이고, 실제 경험이 없으니 행정가라고도 할 수 없고, 강의하는 것은 좋아했으니 그냥 평범한 교육자로 분류되기나 했으면 좋겠다. 교육자라도 '인간적인 교육자'가 되었으면 더 좋겠는데 제자에 대한 사랑과 열정이 부족했으니 여기에도 부끄러움이 따른다. 이 글을 읽는 후배와 제자들에게 그들이 나의 이 시점에 이르렀을 때 나와 똑같은 느낌을 갖지 말라고 사적인 말까지 늘어놓았다.

이제 우리나라 교육행정에 대한 문제와 과제에 대한 생각을 해봐야겠다. 첫째, 한국교육행정은 겉돌고 있다는 느낌이다. 우리는 교행을 가르치는 '교'와 행정이 이루어지는 '행'이 일치하지 못하고 있다. 교직과목으로 '교육행정 및 교육경영'을 가르쳐 봐야 이들이 행정을 이해할지는 모르지만 행정으로 실천할 위치(행정직원이나 행정가)가 되지 못하기 때문에 배우는 것으로 그치게 되고 만다. 교육대학원에서 교육행정을 배워 일부 교감이나 교장, 장학사로 나간다 해도, 이들이 하는 행정은 미미하고 또 이들이 배운 교행을 얼마 써먹지 못하고 퇴직하게 된다. 일반대학원에서 박사를 길러 내도 교수가 되는 경우는 있어도 행정가가 되는 경우는 극히 드물다. 문제는 막강한 행정력을 발휘하는 일반직이 교육행정을 배우지 않기 때문에 우리나라 교육행정은 가르치는 '교'와 행정하는 '행'이 겉돌고 있는 것이다. 우리나라 교육행정이 일반직으로 하여금 행정을 배우게 하든지, 아니면 교육행정을 전공한 사람이 교육행정을 하게 하지 않으면 안 된다. 우리가 가르친 '교'가 교육행정 실제의 '행'이 되어야 교육행정의 '교'와 '행'이 일치하는 교행이 된다. 우리가 가르친 대로 교육행정이 실천되게 하지 않으면 우리나라 교육행정은 영원히 헛소리만 하게 된다. 교육행정의 전문직화를 반드시 실현하지 않으면 안 된다. 지금은 가르치는 교육행정과 행정하는 교육행정이 각각 따로 놀고 있다.

둘째, 교육행정을 협의로 보아 법과 제도, 정책을 행정으로 집행하여 교수를 지원하고 학생의 학습을 잘하게 하여 학업성취를 향상시키기 위한 것으로 볼 수 있는데(정책 ⇨ 행정 ⇨ 교수 ⇨ 학습 ⇨ 학업성취), 우리의 정책과 행정은 학습에 접근하지 못하고 있다. 학습에 변화를 주어 학업성취의 향상을 가져오지 못하는 정책과 행정은 무의미한 것이라고 본다. 우리의 교육행정은 무의미한 것에 관심과 주의, 에너지, 시간과 재정을 낭비하고 있는 셈이다. 그동안의 개혁과 혁신, 정책 변화가 학생의 학습을 향상시키지 못했다고 본다. 결국 한의사의 침이 학습에까지 미치지 못하여 한의사의 침 효과를 보거나 확인하지 못하고 약효나 침의 효과에 상관없이 정책적 · 행정적 침을 놓는 것으로 그치고 만 것이다. 예를 들면, 학교운영위원회를 만들어 학생의 학습이 얼마나 좋아졌단 말인가? 모든 행정과 정책도 학습에 초점을 맞춰야 하는 것이다.

셋째, 우리나라는 지방교육자치제를 채택하고 있으면서 다양성을 인정하지 않고 모든 것을 획일화하는 것이 문제다. 이것은 모든 것을 교육부가 규제하기 때문이라고 본다. 우리나라 교육과 교육행정이 발전하려면 교육부의 획일화된 규제에서 벗어나야 한다. 교육행정학회와 학자들은 이 방안을 강구해야 한다.

넷째, 학회 회원이 1천여 명이 넘고 교육행정학 교수와 박사도 많아졌으니 이제는 교육행정 1세대와 달리 회원들이 학문 분야의 분담을 통해서 좀 더 깊이 파고들어야 한다고 본다. 너무 일반적인 데에 학자들이 몰려 있고 특정 분야에는 사람이 없는 실정이다. 이제 우리 회원도 각자 어떤 특정 분야의 전문가로서 정체성을 분명히 확립할 필요가 있다. 연구나 강의도 자기 분야의 것만 맡고 파고들 때 자신의 정체성이 더욱 분명해진다는 것을 알고 자기 분야가 아닌 것은 그 분야 사람에게 밀어 주는 형식이 되어야 한다. 그리고 세계 각 나라에 대하여도 지역 연구(area study)의 전문가가 많이 나와야 한다. 지역 연구 국가의 언어에 정통한 학자도 많이 나와야 한다. 그러려면 남이 안 가는 곳, 그늘진 곳, 그리고 오지로 파고드는 사람이 있어야 한다. 그래서 이들이 언젠가는 빛을 보게 될 때 우리나라 교육행정도 세계 수준으로 발전하게 된다.

다섯째, 우리 교육행정학회 회원이 교육부나 교육청의 정책연구를 하는 데 신중을 기해야 한다. 그 연구 결과가 어떻게 정책에 반영될 것인지를 고려하여 들러리를 서는 연구를 하지 않도록 조심할 필요가 있다. 함부로 자기 이름이나 학회 이름을 빌려 주는 연구를 하지 않도록 조심해야 한다. 회원의 철학이나 소신에 따라 생각의 차이가 있을 수 있으나, 예를 들면 작금 진행되는 교장임기제나 교장공모제, 교원평가제 등은 교육행정의 원칙에는 맞지 않아 우리 교육행정학회의 입장에서는 반대하지 않을 수 없는 것들이다. 이는 교육행정의 전문성에 위배되기 때문이다. 교원평가는 당연히 전문가이고 인사권자인 교장이 할 일인데 그것을 평가전문가도 아닌 학생이나 학부모를 평가자로 하여 그들에게 맡길 수는 없는 것이다. 교사나 수업에 대한 학생 및 학부모의 반응은 교장이 교사를 평가하기 위한 하나의 자료로서는 인정될 수 있겠지만, 학생이나 학부모가 교사의 평가자가 될 수는 없다. 그리고 현재도 근무평정제가 있는데, 엉터리 교원평가제를 또 얹어 놓아 무슨 능력 개발을 얼마나 하겠다는 것인가? 평가도 아닌 평가를 하나 더 추가할 게 아니라 근무평정제가 잘못되었으면 그것을 바르게 고치면 되는 것이다. 이런 교원평가제에 학회의 이름을 빌려 주거나 개인 학자의 이름을 빌려 준다면 역사의 죄인이 되기 쉽다.

여섯째, 외국어의 장벽을 극복하여 외국어로 논문을 쓰고 교과서를 써서 우리나라 교육행정이 국제적으로 뻗어나갈 수 있어야 한다.

나 자신도 외국어가 약하여 외국어로 논문과 책을 쓰지 못한 채 국내용 교수로 정년을 맞는 것이 안타깝다. 이제 젊은 학자들은 외국어 실력도 향상되고 있으니 국제적인 학문 무대에서 활동하게 되기를 기대한다.

일곱째, 작고 사소한 일일지 모르지만 용어 선택에 신중을 기했으면 한다. 예를 들면, 'excellence'를 사전에도 없는 '수월성'으로 번역하고, 'transformational leadership'을 '변혁적 리더십'으로 번역하는 것은 최선이라고 보기 어렵다. 차라리 form을 trans하는 것이니 '변형'이라고 하는 것이 더 나을 수도 있었다. 'leadership'을 '지도성'이라고 하는 이유도 이해가 안 된다. '~ship' 이니까 '지도정신' '지도력'이란 말을 생각해 볼 수도 있다. 하나의 용어를 학자들이 서로 다른 말로 번역하게 되면 어린 학생들은 그것이 완전히 서로 다른 용어인 것으로 착각하게 된다.

다른 데서 했던 말을 여기서 한번 더 해야겠다. 사람들이 자꾸 물어본다. 퇴임 후에 무엇을 할 것이냐고. 나는 대답한다. 아무 계획 없다고. 이제부터 나는 자유인(自由人)이다. 자유인은 시간적으로 부자다. 그동안 원 없이 강의와 강연도 했고, 원 없이 글과 책을 썼고, 원칙에 어긋났다고 생각하는 것은 불이익을 감수하면서 원 없이 비판도 했다. 그동안 박수도 많이 받았고, 칼럼을 읽은 사람들로부터 시원했다는 소리도 많이 들었다. 반면에 특정 집단에서는 나를 많이 미워했을 것이다. 앞으로는 몰라도 그동안 행복했고 또 지금도 행복하다.

나에게 더 활용할 가치가 남아 있고, 또 쓸모가 있다고 하는 곳이나 사람이 있다면 그곳, 그 사람을 위해서 일할 것이다. 그러나 무료해서, 시간 보내기 위해서, 내 이익을 챙기기 위해서 억지로 일하지는 않을 것이다. 그럴 시간이 있다면 나를 위해 밀린 운동이나 할 것이다. 나를 필요로 하는 곳에 내가 있어야 한다. 정년을 해도 '교' 와 '교행'을 영원히 떠나지는 못할 것 같다. 45년, 35년 있었던 그 근처를 영원히 맴돌게 될 것 같다. 아마 나와 인연을 맺었던 그곳 커뮤니티의 사람들이 더욱 그리울 것이다.

(한국교육행정학회소식지, 제92호, 2007. 7. 31.)

아이들에게 상상력을

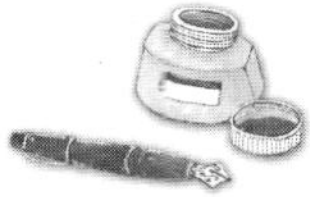

새정부는 선진국이 되겠다고 슬로건을 내걸었지만 선진국은 말로만 되는 것이 아니다. 과연 이 정권이 끝날 5년 후에 우리는 선진국이 되어 있을 것인가? 선진은 고사하고 사고왕국의 신세나 빨리 면했으면 좋겠다는 것이 나의 소박한 바람이다. 경제만 되살리고 IT, BT, 지식정보사회가 되면 선진국이 되는 것인가? 도대체 어떻게 생긴 무엇이 선진국인가? 선진국은 문화예술이 선진이고 윤리도덕이 선진인 것이다. 우리가 앵무새처럼 '지식정보사회'를 목청 높여 부르짖고 있는 동안, 선진국은 이미 20여 년 전부터 '문화 · 창조의 사회'를 내걸고 저만치 달아나고 있다. 남의 나라 뒤만 따라가려고 하다보면 우리는 만날 후진국의 신세를 면하기 어렵다. 앞지르고 가로질러 가야 한다.

인류는 50만 년 전에 부족집단을 이루어 살다가 1만 년 전부터 농업혁명(제1의 물결)에 의하여 도시국가 형태로 정착하여 살았고, 산업혁명(제2의 물결)에 의하여 산업사회의 국가 형태로 살게 되었는데, 우리는 이들 나라를 선진국이라고 하였다. 그러다가 정보혁명(제3의 물결)에 의하여 지식정보사회로 발전하였다고 한다. 우리나라는 허겁지겁 이 단계를 따라 선진국을 따라잡기에 바빴다. 그래서 1960~1980년대라는 짧은 기간 내에 산업화를 이룩하고 마지막인 지식정보사회에서도 어느 정도 성과를 거두고 다른 나라들이 부러워하는 나라가 되었다.

그런데 20여 년 전부터 우리도 모르는 사이에 사회는 또 바뀌어 이미 지식정보사회를 넘어 5단계에 해당하는 문화 · 창조(꿈)의 사회가 되었다고 한다. 문화사회에서는 이야기가 중요하고 정서와 감정, 상상력이 중요하다. 이제는 지식경제도 중요하지만 문화산업(culture industry), 문화경제(culture economics), 컬처노믹스(culture-nomics), 이야기 산업, 이야기 발전소라는 말이 생겨나고, 또한 이것이 강조되고 있다. 문화가 돈을 만들고, 이야기가 돈을 벌어들이고 삶의 질을 높인다는 것이다. 지식정보사회의 상징인 인텔(INTEL)사의 수입이 연 315억 달러인데 비하여 문화산업에 해당하는 디즈니의 수입은 353억 달러이고, 지식정보사회의 꽃인 빌게이츠의 수입 증가율은 6.25%인데 비하여 이야기 산업으로 돈을 버는 해리포터의 저자 조앤 롤링의 수입 증가율은 141%라는 것이다. 롤링은 해리포터 이야기 하나로 1천억 달러를 벌어들이고 있다. 마이크로소프트의 2004~2007년의 순이익 증가율은 18%인데 비하여 디즈니의 같은 기간 순수익 증가율은 41.4%라고 하니 문화사회의 도래를 증명하고도 남을 만하다. 한류라는 것도 문화산업에 해당되고, 가수 비와 비보이 댄스도 문화산업이라 할 수 있다. 이러한 변화가 아니더라도 원래 선진국이란 문화와 예술이 선진인 나라이고 윤리와 도덕이 선진인 나라다. 우리가 지식정보사회와 IT를 따라잡아도 문화와 예술, 윤리와 도덕에서 뒤지면 우리는 영원한 후진국에 머물게 된다.

그런데 사회는 이미 지식정보사회를 넘어 문화사회로 바뀌었는데도 우리나라의 교육과 학교, 수업은 아직도 굴뚝에서 연기 나는 산업사회의 공장식으로 그대로 남아 있다. 좋은 문화를 공장에서 분업식, 조립식, 대량생산으로 만들어 내려는 형국을 상상해 보라. 얼마나 어울리지 않는가? 지금 교사는 학생, 인간을 가르치는 게 아니라 공장식 분업 형식에 따라 교과목 지식을 가르치고, 학성 하나하나를 가르치는 게 아니라 학급, 집단을 대량으로 가르치고는 다음 학년, 다음 단계의 지식을 가르치는 다음 작업반 교사에게 넘겨주는 조립 공장식을 따르고 있다. 산업사회의 사고에 의하여 만들어진 공장식 학교를 지식정보사회, 문화사회에 알맞은 학교로 바꾸어야 하는데, 그러려면 어마어마한 교육재정이 교실과 수업에 투입되어야 한다. 그런데 정부와 경제계는 아직도 공장식 교육과 학교 구조에다 분칠만 하려고 컴퓨터나 집어넣고는 할 일 다 한 것으로 착각하고 있고, 국민에게 공장 생산품인 획일 평준화된 하나의 교육 메뉴만 먹으라고 하고 있어 안타깝다.

이렇게 사회는 지식정보사회를 넘어 문화 · 창조사회로 바뀌었는데, 교육은 공장식으로 지체되어 국민이 공교육을 불신하고 기러기 아빠의 신세를 무릅쓰고 조기유학으로 조국을 등지기까지 하는 것이다. 새 정부는 문화 · 창조사회에 맞는 교육과 학교로 바꾸기 위해 총력을 집중해야 한다. 물론 경제와 일자리가 급하고 중요하지만 사실은 경제보다 교육이 더 급하고 중요하다. 멀리 보면 교육을 살리지 못하면 경제도 계속 성장할 수 없다. 경제와 교육의 편차를 줄이는 데 새 정부의 방향을 잡아 주기를 기대한다. 겉만 보고 속을 보지 못하는 우를 또 범하지 않기를 바란다. 또 1960~1980년대처럼 물질만 쫓다가 정신을 잃고 정신없이 사는 세상이 되지 않기를 기대한다. 실용주의라고 하여 열심히 정신없이 뛰는 것도 중요하지만 방향이 바른 곳으로 걷는 일이 더 중요하다.

문화 · 창조사회를 위하여 교장은 학교에서 아이들에게 상상력을 키워 주어야 한다. 상상력을 키우는 데 반드시 많은 돈을 필요로 하는 것도 아니다. 상상은 누구의 전유물이나 소유물도 아니고 컴퓨터처럼 돈을 주고 사 올 필요도 없다. 상상은 상상하는 사람의 것이다. 상상하지 않는 사람은 그 좋은 상상을 가질 수 없다. 상상은 자유다. 상상력이 발명도 낳고, 이야기로 엮어 소설, 동화, 영화를 만들고 문화를 만들어 낸다. 상상력이 문화 · 예술을 창조한다. 상상력은 어른보다 아이에게 더 풍부할 수 있다. 그 상상의 싹을 초등학교 교육에서 틔우고 살찌우기를 기대한다. 초등학교 교사가 아이의 그 소중한 상상의 싹을 무참히 밟거나 잘라 버리지 않도록 교장이 잘 이끌어 주길 간절히 바란다.

문화 · 창조사회도 윤리도덕이 받쳐 주지 못하면 저질문화로 타락하여 휩쓸리게 된다. 따라서 윤리도덕의 바탕을 튼튼히 해야 한다. 우리가 1960~1980년대에 물질을 얻는 동안 정신을 잃고 윤리도덕의 바탕을 무너뜨린 것은 우리 민족으로서는 천추의 한으로 남아 있다. 윤리도덕은 무너지기는 쉬워도 일으켜 세우는 데는 더 많은 시간과 노력을 요하게 된다. 더 늦기 전에 초등 단계부터라도 우리 교장선생님이 꼬장꼬장하게 윤리도덕의 바탕을 다져 주어야 할 것이다.

어린 아이들에게 상상력을 키워 주고 윤리도덕의 바탕을 철저히 다져 주는 것을 교장 교육자 일생일대의 교육 프로젝트로 삼아 주길 기대한다.

(한국초등교장협의회보, 제2호, 2008. 5. 15. 한국초등교장협의회, pp. 13-15.)

귀여운 자녀를 위한 부모의 선택

세상에 자식을 사랑하지 않는 부모는 없다. 사랑하는 방식이 다를 뿐이다. 자식을 귀여워하지 않는 부모도 없다. 귀여워하는 표현 방식이 다를 뿐이다. 귀여워하는 것과 귀중하게 여기는 것에는 차이가 있는 것 같다. 자식을 귀중하게 보는 것은 자식을 지구상에 하나밖에 없는 존재로 보고 하나의 인격체로 본다는 의미가 들어가 있다. 사실은 제목에서 '귀여운'이라고 했으나 단순이 귀여워만 하지 말고 '귀중하게' 여겨야 한다는 교훈이 이미 들어가 있다. 자식을 귀엽게만 보지 말고 귀중하게 봐야 한다.

사람들이 길을 걸어간다. 인생을 길을 걸어가는 여행이나 등산에 비유하기도 한다. 길이 아니면 가지 말라고 하는데도 그 길을 가고 후회하기도 한다. 길을 가다가 갈림길을 만나기도 한다. 오르막이나 갈림길이 없고 편편한 신작로나 고속도로와 같은 똑같은 길만 가게 된다면 모든 사람이 똑같은 인생을 살게 될 것이다. 갈림길과 오르막과 내리막이 있고 서로 다른 길이 있기에 모든 사람의 인생이 다른 인생을 살게 되는 것이다.

길에는 내가 선택할 수 없는 주어진 필연적인 길이 있기도 하고, 내가 선택할 수 있는 자유 선택의 길도 있다. 자식은 부모를 선택해서 태어날 수 없다. 부모도 자식을 선택해서 골라서 낳을 수 없다. 부모자식 간은 필연적인 만남이지 자유 선택적인 만남은 아니다. 딸 아들을 골라 낳는 것도 과학의 탈을 쓴 인공적인 만남이지 자연적인 필연의 만남이라고는 할 수 없다. 그런데 자식을 키우는 데 이렇게 키우고 저렇게 가르치는 것은 갈림길에서 길을 선택하는 것과 같이 부모의 선택에 달려 있다고 본다. 사랑하는 방식과 귀여워하는 방식은 부모의 선택에 달려 있다. 특히 자식이 어릴 때는 전적으로 부모의 선택과 환경적 요소의 영향에 달려 있다. 한때 유전론과 환경론이 열띤 논쟁을 벌인 시절이 있었고 지금도 이 논쟁은 계속 되겠지만, 유전은 필연적으로 부모에게 달려 있고 환경론의 대부분도 부모의 선택에 달려 있으니 자식의 인생은 전적으로 부모에게 달려 있다고 봐도 별로 틀린 말이 아닐 것이다. 그래 놓고도 부모가 자식을 원망하고, 자식교육은 부모도 어쩔 수 없다고 손 놓고 포기하기도 한다. 물론 부모도 선택할 수 없는 통제 불능의 어쩔 수 없는 환경적 요소가 있는 것은 사실이다.

지금의 자식의 모습은 그동안의 수많은 부모와 자식의 선택의 결과다. 지금 어디에 있든 수많은 선택의 결과, 시간적으로 지금(now), 공간적으로 여기(here)에 있는 것이다. 이 선택의 결과에 대하여는 선택한 본인이 책임을 져야 한다. 운명적, 필연적 선택을 원망하는 것은 아무 의미가 없다. 자식이 어릴 때는 부모가 올바른 선택을 해

선택의 자유 / 필연적 선택

◈ **많은 선택의 결과 지금-여기(now-here)**
-나의 선택에 대한 책임

◈ **귀중한 자녀(1)**
-나의 필요 아닌 신의 필요, 내 것 아닌 신의 것, 기둥, 대들보, 서까래

◈ **무의지의 어린이**
-나의 선택이 자녀의 인생(세 살 버릇 여든까지)

야 하고, 자식이 성인이 되었을 때는 본인이 선택을 잘하고 자신의 선택에 대하여 책임을 져야 한다. 물론 부모는 자식이 옳고(right) 좋은(good) 선택을 하도록 도와줘야 한다.

어떤 부모는 자식에 대한 사랑이 넘치거나 지나쳐 자식을 자신의 소유물로 생각하는 경우가 있다. 자식은 내 것이 아니다. 자식은 내 자식이라도 신의 필요에 의하여 이 세상에 내보낸 신의 것이지 내 것이 아니다. 신이 필요해서 부모의 몸을 통해서 이 세상에 내보낸 것이다. 그러므로 자식은 부모의 인생이 아니라 자식의 인생을 살아갈 수 있도록 부모가 인정하고 도와줘야 한다. 집을 짓는 데 대들보도 필요하고 기둥과 서까래도 필요하고 회초리 같은 나뭇가지도 필요하고, 주춧돌과 자갈, 모래도 모두 필요하고 귀중한 역할을 하듯이, 이 세상의 모든 신의 자식은 다 필요하고 요긴하기 때문에 귀중

한 것이다. 그래서 모두가 쓸모가 있는 것이다.

무의지로 태어난 내 자식이 부모인 나의 선택에 의하여 신의 뜻대로 요긴하게 쓰일 수 있도록 선택을 잘해야 할 것이다. 부모의 선택이 자녀의 인생이 된다. 특히 어린 시절 부모의 선택이 자녀의 여든 살 인생이 될 수 있다. 세 살 버릇 여든 간다고 하지 않는가? 버릇을 잘 길러야 할 것이다.

그러면 어떤 선택을 해야 할 것인가?

첫째, 단거리를 택할 것인가 아니면 마라톤을 선택할 것인가를 신중히 고려해야 한다. 물론 단거리도 중요하며 장거리도 중요하고, 단거리가 쌓여서 장거리가 되는 것이다. 또 단거리에 강한 사람도 있고 마라톤에 강한 사람도 있다. 그런데 많은 사람이 하루 이틀 살고 말 사람처럼 인생을 근시안으로 보고 서두른다. 성공으로 가는 에스컬레이터와 엘리베이터를 타기 위해 옆 사람을 제치려고 눈이 시뻘겋게 된 것 같다. 어린 아이에게 여러 개의 과외와 학습지를 시키고, 조기유학도 서슴지 않는다. 어느 농부가 옆집 논의 벼보다 키가 작아 보이자 요소비료를 퍼부어 마침내 벼를 다 죽이거나, 심지어는 커 보이게 하려고 이삭을 손으로 뽑아 올렸다는 옛이야기 같은 형국이다. 빨리 달리려고 중앙선을 서슴없이 침범한다. 놋그릇이 사라진 지가 오래되었고 모두가 1회용으로 변해 버렸다. 심지어는 친구까지도 1회용 친구가 되었다.

목적을 위해서는 수단을 가리지 않는 것 같다. 가는 전깃줄에 높은 전압을 보내는 것 같고 가는 수도관에 높은 수압의 물을 보내는 것 같다. 자식의 싹을 보고 싹수를 봐야 한다. 튼튼한 싹을 키워야 한다. 될성부른 나무는 떡잎부터 알아본다고 했다. 싹수가 보이고 싹수가 있다고 하는 말이 있다. 싹수가 있는 사람은 늦게라도 성공한다. 인생은 마라톤이다. 멀리 보고 기초를 튼튼히 해야 한다.

교육(教育)에서 가르칠〔教〕 생각만 하지 말고 잠재능력을 키울〔育〕 생각을 해야 한다. 그런데 많은 사람이 무조건 가르칠 생각만 하고 있다. 가르침을 받아들일 아이는 생각지 않고 부모의 입장에서 강한 전압과 수압을 보내 놓고는 자신이 할 일을 다 하고 부모노릇 잘했다고 스스로 위안을 삼고 있다. 최소한 장거리 소질인지, 마라톤 소질을 가졌는지 따져 봐야 할 것 아닌가? 참고 기다릴 줄 알아야 한다. 교육학에 피고말리온 효과라는 말이 있다. 기대에 맞춘다는 의미다. 옛날 그리스에 석공예를 하는 사람이 여인상을 조각하면서 돌멩이와 자꾸 대화하고 돌멩이 여인상을 사람으로 대하고 기대한 결과 어느 겨울날 외출에서 돌아오니 차디찬 돌멩이 여인상에 온기가 느껴지고 여인이 빙그레 미소를 지었다고 한다. 차디찬 돌멩이까지 석공예 조각가의 기대에 맞춰 주더라는 것이다. 부모의 정성과 기대에 자식도 맞추려고 나름대로 노력한다는 것을 잊어서는 안 된다. 지나친 기대, 무리한 기대는 자식의 인생을 망칠 수가 있다.

살아가면서 단거리도 필요하고 빠른 출세도 필요하지만, 인생 전체를 보면 마라톤이다. 인생 마라톤에 참을성과 끈기가 필요하다. 그런데 어른들이 더 성급하다. 우리나라 어머니들이 자식 오줌가리기도 제일 서두른다고 한다. 아직 어린 아이에게 오줌을 빨리 가리게 하면 그 아이는 얼마나 긴장하고 스트레스를 받을 것인지는 생각지 않는 것이다. 이 오줌 가리기가 아이의 심리적 정신적 병이 되어 비정상적 어른이 될 것이라는 마라톤을 생각지 않는 현상이다. 미국의 어떤 어머니는 어린 아이에게 긴장감과 스트레스를 안 주려고 초등학교 때까지 기저귀를 채워 보내고 스스로 오줌을 가릴 때까지 기다려 주는 것을 보았다.

지금-여기에도 충실해야 하지만 멀리 보고 투자해야 한다. 오늘의 거울에 비친 얼굴도 잘 봐야 하지만 10년 후에 비칠 얼글의 모습을 오버랩시켜 볼 필요가 있다.

무쇠를 갈아 바늘을 만들고, 대를 이어 삽으로 산(山)을 옮기는 심정으로 멀리 보고 자식을 키울 필요가 있다. 자식을 믿고 기다릴 줄 아는 부모가 그립다. 자식교육에 부모의 참을성과 용기가 필요하다. 참는다는 것은 참지 못할 곳에서 참는 것이 참으로 참는 것이

부모의 선택 1 **단거리 / 마라톤**

◈ **이웃집 논**(요소비료, 이삭 뽑아내기)

◈ **무리한 앞지르기**(중앙선), 1회용 친구

◈ **싹과 싹수**(뭐가 되려고)

교육의 의미

-기다림과 기대(피그말리온 효과)

◈ **마라톤의 끈기**

-어른이 더 성급해, 오줌 가리기, 무쇠 갈아 바늘 만들기, 산 옮기기
(참지 못할 곳에서 참는 것은 참으로 참는 것이다.)

다. 다른 아이들이 빨리 달리고 과외와 학습지로 앞서갈 때 자기 자식이 뒤떨어지는 것을 보면서도 마라톤을 생각하며 참고 기다리는 부모에겐 남다른 대단한 참용기가 필요한 것이다. 용기 없는 부모는 하기 어려운 일이다. 기초 체력을 갖춘 마라톤 선수 자식은 분명 부모를 실망시키지 않을 것이다. 또 실망시킨들 부모가 어쩌겠는가?

둘째, 첫째와 비슷한 이야기지만 터를 튼튼히 닦을 것인가 아니면 미장을 예쁘게 할 것이냐의 선택이다. 이것도 터 닦기와 미장 모두 필요하고 중요한 것이다. 그런데 우리는 흔히 겉만 번지르르하게 예쁘게 꾸미려고만 한다. 특히 어렸을 때는 기초, 터 닦기에 힘써야 한다. 인간성 기르기, 윤리 · 도덕, 바른 인성 기르기가 중요하다. 나는 이런 교육을 쉬운 말로 '바탕교육'이라고 한다. 바탕교육은 아무리 철저하고 많이 해도 오히려 부족하다고 본다.

몇 년 전에 서울의 성수대교가 끊어지고, 삼풍백화점이 무너지고, 대구 지하철이 불타고, 서해 페리호가 가라앉고, 비행기가 떨어지고, 태풍과 홍수로 많은 사람이 죽기도 하였다. 그야말로 육해공 모두가 끊어지고 무너지고 폭발한 것이다. 이들 대부분은 우리나라 기술이 모자라서가 아니라 사람의 윤리도덕이 끊어지고 무너진 것이다. 우리나라 건축기술은 외국에 나가서 세계 최고의 빌딩을 짓고 가장 아름답고 튼튼한 다리를 놓는데, 아직까지 하나도 문제가 있다는 소식은 못 들었다. 온통 국내에서만 끊어지고 무너지고 폭발하고 있는 것이다. 모두가 부정부패 때문이다. 다리와 백화점과 지하철이 끊어지고 무너지고 폭발한 것이 아니라 사람과 인간성이 끊어지고 무너지고 폭발한 것이다. 우리는 끊어지고 무너지고 폭발하는 자식을 키우고 교육할 것인가?

특히 유치원 교육, 초등교육에서는 기초 및 요소를 가르치고 교육해야 한다. 그래서 초등학교를 기초학교, 요소학교라는 뜻의 Primary School(영국쪽), Elementary School(미국쪽)이라고 부르는 것이다. 그리고 유치원에서는 지식을 배우고 가르치는 것이 아니라 사람노릇하기, 다른 사람과 어울려 놀기를 배우고 가르치는 것이다. 우리는 유치원에서 배운 대로 살아가기만 해도 훌륭한 사람이 될 수 있다. 그래서 “우리가 정말 알아야 할 것은 유치원에서 다 배웠다.”라고 한다. 사람이 살아가는 데 유치원에서 배운 그 이상 또 무엇을 더 알아야만 하는 것인가? 유치원에서 배운대로 살아가기만 해도 최소한 비난받는 사람은 되지 않을 것이다. 지금 비난받는 우리나라 정치인과 지도자라는 사람은 모두 유치원도 안 나왔거나 그때 배운 것을 어기는 사람일 것이다. 사람 됨됨이의 터를 넓게 잘 두아 놓으면 분명 그 터 위에 크고 멋있는 큰 인물의 빌딩을 지을 수 있을 것이다.

어렸을 때는 올바른 나를 심어 주는 자아 개념 형성, 자신감을 심어 주는 일이 중요하다. 자기 자신에 대하여 좋은 감정을 갖게 하고 자기 자신을 사랑하고 자기 자신을 존중하고 인정하는 일이 중요하다. 자기를 사랑하는 사람이 남도 사랑하고 이웃도 사랑할 수 있는 것이다. 자기 자신에 대하여 긍정적인 감정을 갖는 사람이 다른 사람을 긍정적으로 대할 수 있는 것이다. 하버드 대학교의 교육가족 기본 가치의 첫째와 같다.

하버드 대학교 교육가족이 추구해야 할 기본 가치의 첫째는 남이 나와 다르고 남도 나와 똑 같은 위신과 인격을 가졌다는 것을 인정하고 존중하는 것을 들고 있다. 둘째가 정직과 성실이고, 셋째가 우수성 추구, 넷째가 자신의 말과 행동에 대한 책무성이다. 이런 가치가 인간의 터 닦기의 기본 가치로 보는 것이다.

터를 넓고 튼튼하게 다져 놓으면 그 터 위에 마음 놓고 크고 멋있는 건물을 지을 것이요, 요령을 피워 좁고 엉성하게 쉽게 닦아 놓으면 무너지는 집을 짓고 파산하는 인생을 살게 될 것이다. 부모는 터 닦기를 선택할 것인가? 아니면 겉치레 미장 꾸미기, 화장과 단장하기를 선택할 것인가?

셋째, 머리, 가슴, 손발 중에 무엇을 선택할 것인가? 사람 중에는 머리를 써서 사는 머리형(Head) 이성형 사람, 따뜻한 가슴으로 사는

부모의 선택 2 **터 닦기 / 미장**

◈ **부실공사**
–성수대교, 삼풍백화점, 대구지하철, 서해 페리호, 괌 비행기, 태풍과 홍수: 사람 농사 잘못

◈ **초등교육**(Primary, Elementary)
–"내가 정말 알아야 할 것은 유치원에서 다 배웠다."

◈ **올바른 '나(자아 개념)'를 심어주기, 자신감**

가슴형(Heart) 감성형 사람, 손발(Hand)에 강점을 갖는 행동형 사람이 있을 수 있다. 모두가 강점이 있고 또 약점이 있을 수 있다. 그래서 이 셋이 조화를 이뤄야 할 것은 말할 필요도 없다. 이 세 가지(3H)가 조화를 이루면 건강형(Health, 4H) 인간이 될 것이다. 찬 머리와 따뜻한 가슴, 날랜 손발이 조화를 이루어 살아야 한다. 그런데 모든 일이 따뜻한 가슴(Heart)에서 출발했으면 좋겠다. 인류를 사랑하는 따뜻한 마음, 이웃과 친구, 약자를 배려하는 따뜻한 마음(Heart)에서 우러나 찬 머리 이성(Head)으로 걸러 내어 재빨리, 정교하게, 그리고 결연하게 행동(Hand)으로 옮겨야 일이 바르게 되고 바른 사람이 된다고 본다. 이것이 Heart ⇨ Head ⇨ Hand의 과정이다.

그런데 Head ⇨ Heart ⇨ Hand도 있을 수 있다. 좋은 생각이 떠올랐더라도(Head) 반드시 따뜻한 마음(Heart)과 철학, 신념, 정의, 양심 등으로 평가하고 걸러 내어 행동(Hand)으로 옮겨야 올바른 행동이 되고, 올바른 사람과 올바른 삶이 될 수 있다.

여기서 Heart ⇨ Head, 또는 Head ⇨ Heart에 그치고 행동으로 실천하지 못하면 모두가 무의미해진다. 생각으로만 그치거나 마음으로만 그치는 경우가 너무 많다. 작심 3일도 그런 경우에 해당될 것이다. 동양인, 특히 한국인은 관조형이고 정적이기 때문에 행동과 표현이 부족한 편이다. 이에 비하여 서양인은 이성형, 행동형, 표현형이라고 할 수 있다. 서양인은 동적이기 때문에 잠시도 가만히 앉아 있질 못한다. 유목, 사냥의 동적인 시대에는 서양이 행동형으로 강했을 것이지만, 농경으로 정착하는 데는 감성형 동양이 앞섰을 것이다. 그래서인지 고대문명의 발생지를 보면 동양 쪽에 몰려 있다.

그러다가 찬 머리를 쓰는 이성, 합리성, 과학에서 이성형 서양이 앞섰기 때문에 산업혁명이 서양에서 일어나 20세기까지 서양이 주도하게 되었던 것이다. 21세기는 여러 가지 면에서 감성과 정서, 감동, 감격, 이야기, 문화, 예술이 강조되어 우리 동양과 한국에도 유리한 시대가 되고 있다. 따뜻한 가슴에서 나오는 감성과 감동은 어렸을 때 길러지고 형성되어야 한다. 어렸을 때의 느낌은 평생 동안 잊을 수 없게 된다. 아름다움도 이때 길러져야 한다. 늙었을 때보다 어렸을 때, 청소년기에 문화예술, 여행 등 아름다움을 느낄 수 있는 기회가 더 많이 주어져야 가치가 더 있는 것이다.

우리 집안은 주자(朱子) 핏줄을 받아서인지 머리는 있는 것 같다. 그러나 예술적 감각은 부족했다. 그런데 우리 애들이 노래도 제법하

부모의 선택 3 **머리 / 가슴 / 손발**

◈ **큰 머리, 찬 머리**
–가분수, 지식과 지혜

◈ **따뜻한 가슴**

◈ **날랜 손발**

❖ 따뜻한 가슴 ➡ 찬 머리 ➡ 날랜 손발

◈ **이성(서양) : 감성(동양, 정) – 21세기**

◈ **어렸을 때의 감동**
–느낌표, 문화 예술, 여행

고 막내가 예술을 하는 것을 보면 애들 엄마 쪽 피를 받아서인 것 같다. 엄마 쪽에 감성이 더 풍부한 것 같다.

또 하나 경계할 것은 행동이 앞서 행동부터 저질러 놓고 나중에 생각하고, 나중에 평가하고, 나중에 후회하는 행동 순서다. 어느 기업인이 자식을 너무 사랑한 나머지 보복 행위를 먼저 하고 감옥에서 후회하는 경우가 아주 좋은 예가 될 것이다.

넷째, 혼자 똑똑한 사람이냐 아니면 더불어 사는 사람이냐의 선택이다. 사람은 물론 똑똑해야 하지만 더불어 사는 데 강점을 가진 사람에게 더욱 유리해지는 사회로 변해 가고 있다. 지식정보사회에서 혼자 하는 일은 거의 없어지고 있다. 모두 팀으로 일해야 하고 협동과 공동체를 강조하게 되어 있다. 주변과 선의의 경쟁을 하면서도 협동해야 하는 이중성 속에서 살아가야 한다. 그런데 우리는 지나치게 자식이 똑똑하기만을 바라고 있는 것 같아 안타깝다. 미국 항공우주국(NASA)에서 인공위성 하나를 쏘아 올리는 것을 '40만 명의 오케스트라'라고 한다. 40만 명이 나사못처럼 빈틈없이 협동적으로 일한다고 해서 그렇게 부르는 것이다(이 책 교정을 보는 순간 한국 최초의 발사 인공위성 나로호가 궤도 진입에 실패했다고 한다. 우리나라 과학자만 200명이 협동 노력했는데도 말이다.). 우리나라 학생교육과 자녀교육은 그야말로 4천만이 연주하는 교육 오케스트라가 되어야 한다. 아프리카 속담에 '한 아이를 키우는 데 온 동네가 필요하다.'는 말이 있다. 교육에 네 자식, 내 자식이 따로 있을 수 없다. 교사만이 학생을 교육하는 것도 아니다. 학교교육보다 가정교육이 더 중요하고, 사회교육이 중요하다. 내 자식만 똑똑하게 키울 수가 없는 것이다.

지금 기업체도 모두 팀제로 바뀌고 회사원을 뽑는 데도 같이 일할 팀에서 직접 뽑는 곳이 많다. 우리는 공동체 속에서 살아가고 있다. 국경도 없어지고 지구공동체에서 살아가게 된다. 우리는 지구공동체에서 외톨이가 되어서는 안 된다.

이 세상에서 가장 불쌍한 사람은 외톨이다. 장군이라도 독불장군은 더 이상 장군일 수 없다. 병사 없는 장군이 무슨 의미가 있는가? 살아가면서 인생의 중요한 일을 털어 놓고 상의할 수 있는 '의미 있는 타인(significant others)'이 없다면 불쌍하게 인생을 살아가는 것이다. 부모나 친척, 집안 어른이나 선배, 친구, 은사 등 중요한 몇 사람을 주변에 가질 수 있는 사람은 행복한 사람이다. 자기 주변에 중요한 사람을 두는 것이 좋다.

부모의 선택 4 **혼자 똑똑 / 더불어**

◈ **혼자 하는 게임 / 팀 플레이**

- 40만 명의 연주, 4천만의 교육 오케스트라
- 기업체의 팀제, 학습공동체, 동문공동체

◈ **독불장군(?)이 세상에서 제일 불쌍한 사람**

❖ 살아가면서 남과 더불어 상의할 수 있는 사람

다섯째, 교육과 학습, 피학습의 선택이다. 자식이 귀엽고 사랑스럽다보니 부모가 자식을 교육하거나 학습시키지 못하고 오히려 자식한테 부모가 교육과 학습을 당하는 것을 종종 본다. 아이들은 넘어지거나 아프거나 부모가 필요하면 부모를 부르기 위해서 운다. 때로는 넘어졌다 혼자 일어날 수 있는데도 부모를 부르기 위해서 운다. 이때 부모가 안쓰러워 달려가면 부모가 아이 스스로 일어나라고 학습시킬 수 있는 좋은 기회를 놓치고, 반대로 아이가 자신이 울 때마다 부모 보고 달려오라고 부모를 학습시키고 부모는 아이에게 학습을 당하는 것이다. 능숙한 부모는 아이의 울음소리를 듣고 배고픈 것인가, 몸이 아픈 것인가, 기저귀가 젖었는가를 판단하고 거기에 맞춰 행동한다. 응석을 부리기 위한 울음이라고 판단되면 아무리 울어도 부모는 반응을 하지 않아 울어도 소용없다는 것을 학습을 시킨다. 미국의 어머니는 정해진 시간에 자도록 굿나잇 키스를 한 다음에는 웬만한 일이 아니면 아이가 울어도 혼자 자도록 어려서부터 학습을 시켜 독립심을 키운다. 그런데 우리나라의 어머니는 아이가 울 때마다 안쓰럽고, 귀엽고, 사랑스러워 달려가다보니 부모가 아이에게 학습을 당하고 마는 것이다. 그러니 우리의 어머니들은 자녀를 결혼을 시켜 형식적으로는 독립을 시키고도 평생을 자녀를 돌봐야 한다고 단단히 학습을 당하여 충실하게 자녀의 뒷바라지하여 학습당한 것을 실천하게 되는 것이다. 아이가 어렸을 때 울 때마다 부모에게 달려오라고 학습시킨 대로 부모는 평생 자식에 매여 살게 되는 것이다. 우리나라의 부모는 아이에게 학습을 당할 것인가 아니면 학습을 시킬 것인가에 대하여 심각하고 독하게 마음 먹어야 할 것이다. 동물은 우리나라의 부모보다 더 현명하여 젖을 먹이다 새끼를 뗄 시기에는 독립해서 살라고 무참히 발길질을 하거나 쪼아댄다. 이제는 부모 그늘을 떠나 홀로 개척해서 살라고 말이다.

옛날에 가난하던 한 할아버지가 열심히 노력하여 땅을 많이 사고 자수성가하여 잘 살게 되었다고 한다. 그런데 그 아들은 일도 안 하고 공부도 안 하고 호의호식할 생각만 했다. 일 안 하고 공부를 안 해도 먹고 사는 데 불편이 없으니 그랬던 모양이다. 할아버지는 걱정이 태산 같았다. 모아 놓은 재산이 1대도 못 갈 것 같았다. 아들이 다 까먹을 것만 같았다. 그런데 가만히 보니 손자 녀석이 열심히 공부를 했다. 그래서 할아버지가 손자에게 왜 그렇게 열심히 공부하느냐고 물었더니 아버지가 일도 안 하고 공부도 안 하니 할아버지 재산을 지키기 위해서 자기라도 공부해야 하지 않겠느냐고 하더란 것이다. 공부할 필요가 있어야 공부하게 되는 것이다. 이처럼 공부할 필요를 느끼게 하는 일이 중요하다. 자식에게 공부하라고 할 필요가 없다. 공부하라고 한다고 해서 다 공부하겠는가? 공부하라는 말과 몸 튼튼하라는 말은 아이들에게는 일종의 자장가에 해당된다. 의미 없는 말은 아이들에게 할 필요가 없다.

부모와 교사들은 무조건 자식과 학생들에게 많이 가르치려고 한다. 가르치는 것을 다 배우는 것도 아니고 그렇게 많이 가르친 것 다 배워서 무엇에 쓰겠다는 것인가? 가르쳐도 배우지 못하고 보고도 보지 못하고 듣고도 듣지 못하는 것이 너무나 많다. 살아가는 데 꼭 필요한 것만 배운다고 해도 어렵고, 배워도 실천하지 않으면 아무 소용없다. 살아가는 데 꼭 필요한 것은 양을 줄이고 대신 철저하게 가르치고 배워야 한다. 책과 교사를 통해서만 배우는 것도 아니고 학교와 교실에서만 배우는 것도 아니다. 친구에게서도 배우고 사회에서도 배운다. 특히 자연에서 배우는 것이 더 좋을 수도 있다. 남에게서 배우는 것보다 스스로 배우고 터득하는 것이 알짜 배움이다. 스님이나 성직자들이 꼭 경전이나 설교에서만 배우는 것이 아니고 자연에서 배우고 스스로 깨닫는 것이 많다. 가르쳐도 깨우치지 못하면 가르친 것이 아니다. 어머니는 가장 중요한 교사다. 좋은 것도 부모에게서 배우지만 나쁜 것도 부모에게서 배우는 것이 많다. 어느 사형수가 사형집행 직전에 어머니를 면회하고 어머니 젖을 깨물었다고 한다. 어린 시절 이웃집에서 달걀을 집어 온 것을 어머니가 혼내지 않고 같이 삶아 먹은 것이 최초의 도둑질로 기억되었기 때문이다. 부모는 자녀를 교육시키려고 하지 말고 모범을 보이려고 하고 부모가 먼저 배우려고 하면 자녀교육은 저절로 될 것이다.

교육과 학습에 지나치게 집착하지 말고 스스로 배우게 동기유발을 어떻게 시킬 것이냐를 생각하는 게 좋다. 어린이는 타고난 호기심이 있기 때문에 배울 필요가 있으면 배우려고 하는 것이다. 배우려는 본능이 있다고 봐야 한다.

내가 교육학 전공이고 교육자이다보니 많은 사람이 자녀교육을 어떻게 했느냐고 묻는다. 지나간 세월을 가만히 되돌아보면 특별히 내 아이들에게 해 준 것이 없다. 오히려 잘 해 주지 못해서 아이들에게 미안하고 더 잘 가르치지 못해서 집안과 사회에 죄송한 마음뿐이다. 아이들에게 잘 해 주지 못했는데 그런대로 잘 커 주고 속 썩인

자녀교육 어떻게 했나?

◈ **믿고 맡기고 간섭하지 않으려 했다.**

–대신 공부해 주고, 대신 밥 먹어 주고, 대신 살아 줄 것인가?
제 인생 제가 살아가게

◈ **몸으로 가르치려 했다.**

–우리 교육, 몸으로 가르치자(가장 확실한 방법)
–지도자, 어른–용기 있는 엄마(속 사랑)

◈ **강하게 키우고 싶었다.**

–의미 있는 고생, 단련, 담금질

일 없으니 고마울 뿐이다. 우선 건강했고, 공부 때문에, 그리고 취직 때문에 부모를 어렵게 만든 일 없으니 행복하고 만족하고 감사할 뿐이다.

나는 초등교사 약 15년, 대학교수 약 25년 합하여 공직 40여 년의 42.195km를 성공적으로 완주하게 되었다. 나는 공부하는 것이 소원이었다. 공부하고 싶은 생각만 있었는데 부모님이 돌아가시기 전에 내가 결혼하는 모습을 보고 싶어 하셔서 준비도 없이 갑자기 결혼을 하게 되었다. 결혼을 하면서 1차적으로 아내에 대하여 무한한 책임을 느끼게 되었다. 첫 아이의 자는 모습을 보면서 더 큰 책임을 느꼈다. 세 아이가 되자 잘 키우고 대학까지 공부시키고 싶은 마음의 책임감이 더욱 짓누르게 되었다. 당시 초등학교 교사 수입으로는 세 아이들 대학까지 공부시키기 어려울 것으로 생각되었기 때문에 세 아이들 중학교, 고등학교, 대학에 입학할 연도에 맞춰 등록금을 내주려고 금전신탁을 했었다(그때 가서 찾아보니 화폐 가치의 하락으로 휴지 비슷하게 되었지만).

첫째, 나는 내 아이들을 전적으로 믿고, 자기 일은 자기가 결정하여 하도록 모든 일을 맡기고, 되도록이면 간섭하려고 하지 않았다. 이 세상에 자기 아내를 못 믿고 자기 자식을 못 믿고, 자기가 가르친 제자를 못 믿으면 누굴 믿고 산단 말인가? 가까운 사람까지 믿지 못하고 사는 사회가 인간 사회인가? 아이들도 믿어 주니까 그 믿음과 기대에 어긋나지 않으려고 나름대로 노력하는 것 같았다. 사람은 믿어 주지 않으면 아무렇게나 행동하게 된다.

아무리 어린애지만 자기 일은 자기가 하게 하고 중요한 결정도 자기 스스로 하게 하였다. 첫째 딸의 대학 전공인 심리학도 본인이 결정하였고, 둘째 딸의 가정학도 본인 스스로 결정했고, 셋째 딸의 사진학도 자신이 결정했다. 나 자신도 놀랐다. 어떻게 심리학이란 걸 알고, 사진학이 하고 싶었는지 나도 지금까지도 모른다. 어떻게 보면 아이들에게 어린 나이에 중요한 결정을 하도록 맡겨 과중한 부담이 되었을 것도 같아 미안한 감도 있다. 우리 아이들은 자기 스스로 공부했지 과외나 학원, 학습지를 한 적도 없다. 독서실은 보낸 적이 있다. 어떻게 보면 우리 딸들은 불쌍하게 공부했다. 남들이 쉬운 길을 갈 때 빙빙 돌아 어려운 길을 갔으니 말이다. 지금 생각하면 나는 너무 인정머리 없고 잔인한 아빠가 아니었나 싶다. 이런 방침을 따라 준 애들 엄마가 고맙기도 하다. 주변 사람들과 다른 짓을 할 때에는 대단한 용기가 필요하다. 그래서 우리 아이들은 우리나라 안에서 일류대학 근처를 못 가봤다. 그러나 두 딸의 최종 박사학위는 세계 일류에서 했고, 막내도 자부심을 갖고 자기 분야에서 일하고 있다. 모든 것을 맡기다보니 간섭하지 않는 것은 당연하다. 물건을 사는 것도 되도록 자기가 원하는 것을 고르게 하고 먹는 것도 자기가 먹고 싶은 것을 고르게 했다. 그래도 남대문표, 동대문표, 거리표를 용케도 선택하는 것이 기특할 뿐이다. 그러다보니 개성을 찾느라 좀 까다로울지 모른다.

나는 네 인생 네가 선택해서 살라고 한다. 부모가 자식 대신 아파 줄 수 없고, 대신 밥 먹어 줄 수 없고, 대신 공부하고 시험 봐 줄 수 없을 바에야 어려서부터 자기 결정을 존중한다. 자식에게 이랬으니 말할 것도 없이 이런 원칙은 학생교육에도 똑같이 지켜진다.

둘째, 될 수 있는 대로 아이들 앞에서는 모범을 보이는 체라도 하려고 하였다. 자식에게 모범을 보인다는 것도 어렵다. 그래서 부모 노릇하기 어렵고, 교사 노릇하기 어렵고, 어른 노릇하기 어렵고, 지도자 노릇하기 어렵다고 하는 것이다. 내가 공부하는 모습을 자식에게 보이려고 나름대로 노력하였다. 초등학교 교사를 하면서 야간대학, 야간대학원을 다니고, 태평양을 건너 박사학위에 도전하였다. 나도 공부해야겠지만 자식들에게도 공부하는 모습을 보이고 싶어서였다. 그리고 50여 권의 책을 만들어 내기도 하였다. 말로 자식과 학생을 가르칠 수 있다면 얼마나 쉽겠는가? 몸으로, 행동으로, 실천으로 가르치려니 자식교육과 학생교육이 어려운 것이다. 사람들은 너무나 쉽게 남을 교육하려고 든다. 나는 자식과 제자들에게 공부하라는 소리를 하지 않는다. 공부하라는 소리를 듣는 사람들은 너무나 행복에 겨운 사람들이다. 나는 공부하지 말라는 소리만 듣고 자랐다. 아마 공부하지 말라는 말을 어겨서 공부하게 되었는지도 모른다. 공부하고 싶은 사람만, 그리고 공부해야 할 사람만 공부하게 해야 할 것이다.

근검절약하는 생활을 하려고 하였다. 지금도 잘 입고 잘 먹을 때면 가난 속에서 고생하시고 돌아가신 나의 부모님께 죄송한 생각이 든다. 어린 아이들 셋(형님, 누나들)을 데리고 보따리짐을 싸가지고 타향으로 이사 와서 우리 6남매를 키우고 가정을 일구어 우리를 교육시킨 부모님을 생각하면 절약하고 성실할 수밖에 없는 것이다. 절약하는 것은 가난하게 고생하시며 살다 돌아가신 나의 부모님에 대한 최소한의 예의다. 다음 세대들이야 풍족하게 살고 사치에 가깝게 살더라도 나는 내 방식대로 이 세상을 살다 갈 것이다. 그래서 그런지 우리 아이들도 비슷해지는 것 같았다. 세 아이가 대학을 다녔지만 학비 걱정을 한 적이 없다. 일류대학에 못간 대신에 거의 다 장학금으로 대학을 다녔다. 두 아이 해외 유학도 거의 다 장학금과 연구비를 받아서 다녔다. 만일을 위해서 제발 돈을 가지고 가라고 해도 끝내 사양하고 자기들이 다 석·박사 학비를 해결하였다.

원칙에 어긋나는 것을 싫어하고, 남에게 아쉬운 소리 못하는 것은 거의 핏줄인 것 같다. 애들 할아버지께서 그러셨고, 나도 그런 편이고, 애들도 그런 쪽이다. 요령을 피울 줄 모른다. 내가 좀 요령을 피우려고 하면 아이들이 오히려 '자식교육 잘 시킨다.'고 농담을 하여 원칙으로 돌아가게 된다. 남으로부터 불신을 받거나 무시당하는 것을 제일 싫어한다. 나를 믿지 못하거나 무시한 사람을 지금까지 용서 못하고 있다. 저 세상에 가기 전에 모든 걸 용서하고 가야 하는 데 아직 그럴 준비가 안 되어 있다. 이건 우리 애들도 비슷한 것 같다.

애들은 부모를 보고 자란다. 부모의 역할모델을 닮으려고 한다. 어느 날 소파에 누워 있는 딸을 보니 나에게서 배운 것이라고 생각되어 후회된다. 어렸을 때 높임말을 쓴 결과 지금 우리 애들은 부모에게 꼭 높임말을 쓴다. 다른 애들이 부모에게 반말하는 것을 보면 너무 어색하다. 내가 너무 민주적이지 못하고 고루해서인가? 부모에게 반말을 하면서 사랑한다고 하는 것을 보면 이상하게 느껴진다.

나는 지금까지 수많은 강의를 하였지만 남의 결혼식 주례를 할 때가 제일 겁나고 떨린다. 모범적으로 부모에게 효도도 못하고, 형제간에 우애도 제대로 못하고, 아내를 사랑해 주지 못하고, 자식에게 잘 해 주지 못하고, 결혼하는 신랑신부에게 잘하라는 주례의 말을 여러 사람 앞에서 한다는 것이 얼마나 겁나는 일인가? 혹시 지금까지 그런대로 비난받지 않게 살아왔더라도 앞으로 남은 날에 어떤 일이 벌어질지 모르기 때문에 모범적이라고 자신 있는 사람이 아니면 주례를 맡기가 어려운 것이다. 그래서 탈 없이 살아왔고 또 앞으로도 잘 살아갈 성직자가 주례를 하는 것이 옳을 것 같다. 남의 모델 노릇 하기가 정말 어렵다.

어느 날 우리 애들에게서 나보다 더 철저하고, 나보다 더 원칙을 지키고, 나보다 더 절약하는 모습을 발견하고 나는 반성한다. 내가 나이를 먹으면서 나사못이 풀리고 무너져 내려앉는 것 같다. 이제는 내가 거꾸로 내 아이들에게서 배우는 것이 더 많다. 벌써 아이들에게 의존하는 쪽으로 기우는가 보다.

아이들과의 약속은 되도록 지키려고 했다. 대신 미리 많은 약속은 하지는 않는다. 특히 나는 나 자신과의 약속을 귀중하게 생각하고 평생을 통해서 이를 지키려고 하였다. 이런 약속의 이행은 신뢰성과도 통하는 것으로 아이들도 지키려고 하는 것 같다.

나이 들면서 가족을 우선하려는 생각을 하고 있다. 젊어서는 직장이 우선이고 국가가 우선이었다. 나는 직장과 국가에 충성하는 바람에 가족에게 죄를 너무나 많이 졌다. 결국 국가가 충성한 국민을 배반하는 것을……. 가정이 중심이어야 한다. 중심이 흔들리지 않아야 직장과 사회, 국가가 튼튼해진다. 가정이 중심을 튼튼하게 잡아야 부모도 자식도 집을 떠나 크고 둥근 멋있는 원만한 원을 그리며 활동을 하고 제자리 가정에 되돌아올 수 있는 것이다. 가화만사성은 동서고금을 통하여 변하지 않는 진리에 해당된다.

나는 자식과 제자를 두려워한다. 어버이 날, 스승의 날 아이들이 가슴에 꽃을 달아줄 때 어떤 마음으로 달아 주는지 겁이 난다. 어린 아이들의 부모와 교사에 대한 평가가 무섭다. 죄인들이 쇠고랑을 찰 때 카메라 앞에서 얼굴을 가리는 것은 자식에게 부끄럽기 때문일 것이다. 조상과 자식에 대하여 부끄럽지 않게 살아야 한다.

셋째, 비교적 강인하게 키우려고 했다. 틈나는 대로 같이 운동하고 산책하려고 했다. 조상으로부터 건강한 체질을 타고났고, 또 지금까지는 그런대로 몸 관리를 잘하는 것 같다. 부모가 준 것이라도 잘 관리하지 않으면 금방 허물어지는 것이다. 세 아이가 어떤 때는 단번에 20kg씩 빼는 것을 보고 놀라지 않을 수 없었다.

딸 셋을 낳아 놓고 내가 제일 걱정한 것은 남녀 차별이었다. 연약한 딸들이 이 거친 세상을 어떻게 뚫고 살아가게 할 것인가의 걱정이었다. 그래서 더욱 더 강인하게 키우려고 했다. 지금도 그렇긴 하지만 애들이 어렸을 때는 여자가 차별을 더 많이 받았다. 차별받지 않으려면 그래도 전문직을 갖고 전문가 대접을 받을 수 있어야 한다고 했다. 나는 아이들에게 물려줄 것이 없다고 하였다. 혼수도 안 해줄 것이고, 돈도 줄 것이 없고 아파트도 사 줄 수 없다고 어렸을 때부터 세뇌를 하였다. 다만, 전문직이 되기 위해서 공부하겠다면 내가 어떻게든 밀어 주겠다고 약속했다. 그런데 세 아이가 다 돈 안 들이고도 자기들 노력으로 전문직에 들어섰다. 덜 차별받는 분야에서 일하게 되어 나의 걱정을 덜어 주었다. 고마울 뿐이다. 물질을 물려주는 대신 강인한 정신을 물려주고 싶었다.

강하게 크려면 의미 있는 고생도 해야 한다. 이 세상을 쉽게만 살려고 하면 안 된다. 강철을 만들려면 담금질을 여러 번 해야 한다. 단련(discipline)도 받아야 한다. 두 아이가 하는 학문(discipline)도 단련과 같은 영어 단어 'discipline'을 쓰고 있다. 앞으로도 더 많은 단련과 훈련, 질서와 기강이 그들 앞에 기다리고 있을 것이다.

우리 세 아이들은 많은 오해를 받을 수 있다. 아버지가 교수이니까 공부도 도와주고, 유학도 도와주고, 진로도 도와줬을 것으로 다른 사람들로부터 오해를 받기 쉽게 되어 있다. 그리고 부족한 것 없이 풍족한 환경에서 여유롭게 쉬운 길을 걸어왔을 것으로 오해받을 수 있다. 그러나 앞에서 말한 것처럼 나는 우리 아이들을 그렇게 키우지 않았다. 나는 그런 부모의 길을 선택하지 않았다. 나 자신이 어려운 길을 선택하였고, 또 아이들도 그런 길을 기꺼이 걸어왔다. 그런 길을 선택한 내 사랑하는 아이들이 고맙고 자랑스러울 뿐이다.

나는 지금까지 자식이나 제자들에게 속사랑을 했지 겉사랑을 못해 봤다. 겉으로는 항상 엄하고 융통성이 없어 보이고 접근하기 어려운 존재로만 보였을 것이다. 속으로는 사랑하면서도 겉으로는 엄하게 보였으니 나는 나의 이미지 관리에 실패한 셈이다. 따뜻한 가슴을 가지고 있으면서도 바늘로 찔러도 피 한 방울 나오지 않을 찬 사람으로만 보였을 것이다.

한 번도 사랑하는 아내와 자식에게 사랑한다는 말을 겉으로 못해 봤다. 더 늦기 전에 사랑한다는 말을 해야겠다.

아내와 세 딸, 사위와 손자손녀 우리 가족 모두 사랑해요.

그리고 더 좋은 남편과 아빠가 돼 주지 못해서 미안해요.

나는 부모 노릇을 잘하고 자식교육을 잘했다고는 할 수 없으나 혹시 이 글이 젊은 부모나 앞으로 부모가 될 젊은이들에게 참고가 되어 자녀교육에 도움이 되고 우리나라의 튼튼한 가정을 꾸리는 데 도움이 되었으면 좋겠다. 또 학부모 교육의 기회가 있다면 교재로도 쓰일 수 있었으면 좋겠다. 자식을 귀엽게만 보지 말고 귀중하게 보는 데 도움이 되었으면 좋겠다.

(주은선, 주은지, 2007, 아빠, 북카페)

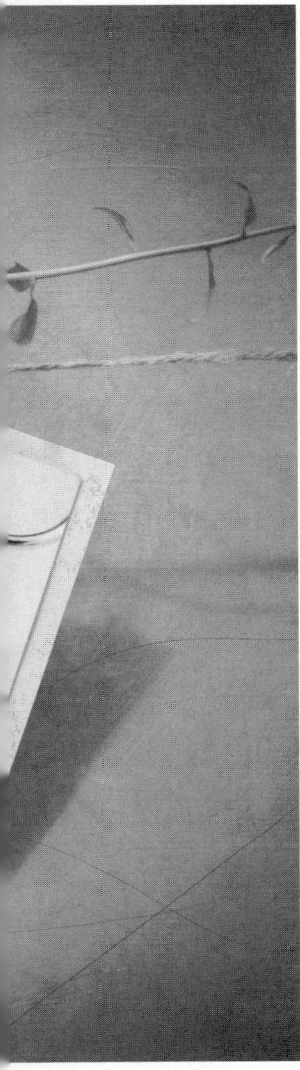

제2부

교육비평

돌팔이에게
국민교육을 맡길 수 없다

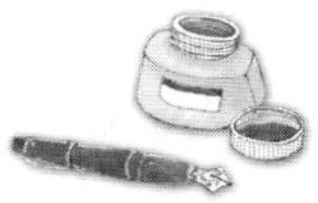

교육부는 작년(2004년)에 이어 금년에 또 무자격 교장을 3개월 내에 제조 생산해 내겠다고 한다. 그중에 6명은 아예 교사 자격증도 없는 돌팔이를 교장으로 만들어 우리의 귀여운 자녀와 미래가 달려 있는 제2세 국민교육을 맡기겠다고 한다. 왜 교육부 관리들은 자격을 갖춘 유능한 사람들을 제쳐 두고 무자격자와 돌팔이를 좋아하는가? 혹시 무능한 정부이고 무자격 관리들이 권력을 잡다보니 그런 사람들을 고집하는 것은 아닌가?

법적으로 교장은 '학생을 교육'하게 되어 있고, 또 우리나라에서 학생을 가르치려면 교사 자격증이 있어야 하므로 '교사 자격증이 없는 일반인(직)은 교장이 되어 학생을 가르칠 수 없다.' 일반인이 교장이 되는 것은 불법이고 위헌이다. 「헌법」에서 보장한 '교육의 전문성'을 위배했기 때문이다. 우리는 무자격 돌팔이에게 자녀교육과 국민교육, 교장직을 맡길 수 없다. 무면허 운전을 시킬 수 없고, 무면허 의사에게 국민의 생명을 맡길 수 없는 것과 같다. 그러면 앞으로 교원자격증제를 파괴하고 무자격 교사에게 학생 교육을 맡길 작정인가?

교감 경험도 없는 15년된 교사라면 누구나 '젊고 유능한 교장'이 될 수 있다면 왜 지금까지 승진제를 채택해 왔는가? '젊고 유능한'이란 말은 연령 차별적인 말로 역시 「헌법」에 어긋난다. 그럼 '늙고 유능'하면 안 된단 말인가? 교직 15년 된 젊은 교장이 필요하면 15년 만에 교장자격증을 딸 수 있는 제도를 먼저 만들라. 그리고 교장으로 직접 가게 하지 말고 먼저 교감을 거처 교감 경력을 갖고 교장이 될 수 있게 하는 것이 검증도 확실하고 안전할 것이다. 젊은 교장자격증 소지자 중에서 교장을 선발해도 늦지 않고 얼마든지 유능한 교장을 선발할 수 있을 것이다.

무자격 교장이 유자격 교장보다 유능하다는 근거와 논리를 제시하라. 다른 나라에서는 교장의 중요성을 인식하고 교장의 자격을 강화하고 높이기 위해 노력하고 있는데 왜 우리는 자꾸 거꾸로 퇴보의 길로만 치닫고 있는가? 지금은 자격증 시대인데 무자격이 유능하다니 이거야말로 억지 주장이 아니고 무엇인가?

'15년 교사 경력에 지원서, 추천서, 경력 및 주요 활동 실적, 학교경영계획서'에 의하여 유능한 교장을 선발할 수 있다고 믿을 수 있는가? 이 몇 가지 서류가 현재의 선발과정이나 평정제도, 교감 활동 실적 자료보다 더 정확하고 객관적이라고 누가 믿겠는가? 임시조직인 '교장공모심사위원회'를 신뢰할 수 있겠는가? 소수의 심사위원회가 3개월 내에 무자격 지원자 중에서 '젊고 유능한' 교장을 선발한다는 것이 현행 제도보다 낫다고 할 수 있는가? 무자격 교장 선발에 정치성이 개입될 것이다. 무자격 교장의 피해는 학생과 학부모, 국민에게로 고스란히 돌아가게 될 것이다.

무자격 교장제로 유능한 교장을 선발할 수 있다면 교육행정을 전공하는 학자와 교육자들이 왜 이에 저항하겠는가? 분명히 무자격 교장제는 교원 전체를 무시하고 교직의 전문성을 파괴하는 망국의 속임수이므로 이를 반드시 저지해야 한다. 무자격 교장 시대가 오게 되면 이어서 반드시 무자격 교사의 시대가 올 것이다. 교장도 교감도 교사도 모두 같은 교원이기 때문이다.

전국의 교육감은 무자격 교장제 시범학교를 지정하면 안 된다. 이를 허용하는 교육감은 반드시 퇴출시켜야 한다. 무자격 교장제 시범학교운영을 채택하는 47개 학교에 대하여도 반드시 그 대가를 치르게 하여야 한다. 교원의 전문성을 무시하는 제도이기 때문이다. 유자격 전문가 교사는 무자격 돌팔이 교장과 같이 놀아 줄 수 없다.

학부모와 국민은 무자격 교장에게 학생을 맡기지 말아야 한다. 무자격 교장에 대하여는 무저항운동이라도 벌여야 한다. 무자격 교장은 교사의 환심을 사기 위해서 별짓을 다할 것이다.

모든 교원은 국회, 정당, 언론에 적극 개입하여 무자격 교장제만은 확실히 저지해야 한다. 우리 교육자들이 과거처럼 소극적으로 불평이나 하고 한탄만 하고 있어서는 안 된다. 교원의 전문성 확립을 위해 노력하지도 않고 쉽게 무자격 교장이 되려는 집단들이 생명을 걸고 수십 년씩 추진하는 이 제도를 우리 교원들이 소극적으로 대처해서야 게임이 되겠는가?

(한국교육신문, 2005. 10. 31.)

거꾸로 가는 나라

대한민국의 축구대표팀의 모든 것은 그대로이고 감독만 바뀌었는데 선수들의 자세는 물론이고 눈망울 자체가 달라지고 팀이 완전히 달라졌다. 우리나라 팀이 히딩크를 못 만났으면 2002년 축구 열기를 끌어내지도 못하고 오늘날의 박지성이나 이영표 같은 세계적인 선수가 나오기도 어려웠을 것이다. 교향악단의 지휘자에 따라 악단의 컬러가 완전히 달라진다. 지도자나 지휘자는 이렇게 중요하다. 학교의 교장도 마찬가지다. 교장에 따라 학교도 달라지고 학생도 달라진다.

그래서 세계 여러 나라는 우수한 교육 지도자 교장을 확보하기 위하여 국력을 경주하는 실정이다. 교장 교육을 강화하고 자격을 높이고 있다. 그런데 이상하게도 우리나라에서는 최근에 무자격 교장론, 교사도 아닌 일반인 교장론까지 나오고 있으니 시대에 역행하고 세계적 흐름에 거꾸로 가자는 주장이다. 공도 차보지 않은 사람을 감독으로 영입하자는 논리이고, 지도자 수업도 없이 선수 중에서 감독을 뽑자는 한심한 논리다. 선수들 중에서 선수들이 인기투표하여 자기 팀 감독을 민주적으로 뽑자고 한다면 얼마나 우스운 일인가? 감독하다가 또 선수로 뛰게 한다면 그게 운동 팀이라고 할 수 있겠는가? 아무나 감독을 할 수 있거나 아예 감독이 필요 없다면 왜 비싼 국민의 세금을 들여 세계적인 감독을 불러들이겠는가?

지금은 자격증 시대이기 때문에 뜻 깊은 젊은이들은 수십 개씩 자격증을 따려 한다. 그런데 한심한 것은 교사들 중에 교장자격증이 필요 없다는 주장을 하는 사람들이 있다는 점이다. 그러면 교사자격증은 뭣 때문에 필요하다고 할 것인가? 교장자격증제가 파괴되면 멀지 않아 교사자격증도 필요 없다는 논리가 분명히 나오게 된다는 것을 알아야 한다.

또 이상한 학부모단체가 무자격 교장제를 들고 나온다는 점이다. 돌팔이 의사에게 환자의 생명을 맡기듯 돌팔이 교장에게 국민교육과 학교운영을 맡기겠다는 것인가? 제대로 된 학부모라면 교장의 자격을 강화하여 능력 있는 유능한 교장을 보내 달라고 요구해야 옳을 것이다. 무자격 장관, 무자격 교사, 무자격 학부모가 자신들의 약점을 감추기 위해 무자격 교장제를 들고 나온다고 봐야 할 것이다. 학부모와 국민, 교사가 진정으로 무자격 교장을 원하는지 여론조사가 아니라 국민투표라도 붙여 봐야 할 일이다.

현행 교장제가 잘못되었으면 이 제도를 고칠 일이다. 능력 있는 젊은 교사들로 하여금 교장 자격을 따서 학교를 잘 운영하고 학생교육을 잘할 수 있도록 하라. 왜 교원근무평정제와 교장승진제를 고칠 생각을 못하고 거꾸로 가는 정책만 들고 나와 혼란을 일으키는가?

자립형 사립학교의 교장을 무자격자가 하도록 한 것도 잘못이다. 교수가 하는 일과 교장이 하는 일은 엄연히 다르기 때문에 교수나, 총장, 장관도 반드시 교장자격증을 따서 교장을 했어야 한다.

더욱 이상한 것은 교장제를 연구하고 바꾸려는 정책을 모색하면서 학부모 단체의 의견은 듣고, 교장론 전문가나 교장 단체의 자문이나 의견은 듣지 않고 있다는 점도 이상한 나라의 거꾸로 가는 정책이라고 할 수 있다.

(한국교육신문, 2005. 12. 26.)

교장 공모제의 음모

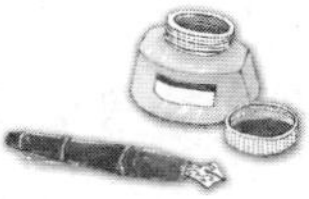

왜 이렇게 교육계를 우습게 보고 흔들고 있는가? 이렇게 어지럽고, 혼란스럽고, 부산해서야 어떻게 학생들을 가르친단 말인가? 정년 단축, NEIS, 성과급, 자존심 상하는 스승의 날 휴업, 촌지 처벌, 교장 공모제 등 하루 한 날 교육계에 조용할 날이 없다. 왜 이렇게 자꾸 교육계에 평지풍파를 일으키고 있는가? 대통령에게 잘못 자문하고 보필하여 국민을 인기 높던 대통령으로부터 이반하게 만들어 놓고도 아직도 정신 못 차리고 또 대통령자문교육혁신위원회가 교장 공모제라는 허울로 국민을 호도하고 이반하게 하려는가?

도대체 교장 공모제의 목적과 이유의 정체가 무엇인가? 진정 학교에 개혁과 혁신, 신선한 바람을 불어 넣어 학생들을 공부 잘 가르치게 하자는 목적인가? 역대 5대 정권에 걸쳐 계속 개혁한다고 해 놓고도 아직도 개혁할 것이 남아 있단 말인가? 개혁에 현기증이 나서 살 수가 없고 차분하게 학생들 교육하기 어렵다. 그리고 지금까지 개혁은 위에서 다 해 놓고, 힘 없는 교장이 개혁할 것이 무엇이 더 남아 있단 말인가? 우수교장을 만들어 학생 교육을 잘하려는 것이 진정한 교장 공모의 목적이라면 교장의 전문성과 자격과 자질을 더 높이려고 해야 할 것이다. 이것이 현재 세계적인 경향이다. 그런데 거꾸로 우리나라에서는 일반인(직)과 자격도 없는 돌팔이를 교장 자리에 앉히려고 하니 분명히 음모가 있는 것으로 의심하게 된다.

일반인(직)은 이미 교육부를 비롯하여 교육청과 모든 교육행정기관을 다 싹쓸이 점령하여 우리나라 교육을 다 망쳐 놓고 이제는 일반인 교장 공모제로 학교(교장)까지 이들이 점령하려는 음모로 의심하게 한다. 교육부와 교육청에 교사 출신 전문직 자리가 몇이나 있는가? 전문직의 기능을 모두 마비시켜 놓고 이제 학교까지 마비시킬 것인가?

5~10년 수업만 한 교사에게 국민과 학부모가 어떻게 한 기관과 행정을 맡길 수 있겠는가? 가르치는 전문성의 배꼽도 떼기 어려운 기간에 교사들이 행정의 전문성을 언제 길렀단 말인가? 교사자격증은 필요하고 교장자격증은 필요 없다는 논리는 성립될 수 없고 또 위험하다. 공모를 하더라도 교장직(principalship)을 공부시키고 자격을 갖춰서 공모를 하든 선발을 하든 해야 할 것 아닌가? 교육과 교장을 모르는 일반인과 교사를 교장으로 앉혀 놓고 편하게 월급이나 타 먹고 살자는 음모로 볼 수밖에 없다. 교사 전횡을 하자는 음모일 것이다. 공모를 하더라도 사립학교부터 시작해야 할 것이다.

교장은 교육부 장관이나 교육감보다도 더 중요한 자리다. 교장은 배의 선장에 비유된다. 배를 어느 방향으로 어떻게 끌고 가느냐는 전적으로 교장인 선장에게 달려 있는 것이다. 암초와 폭풍, 파도를 넘어 학교의 존재 이유에 해당하는 가르치고 배우는 학교교육 목표 항구에 이르게 하는 리더십과 능력이 선장 교장에게 요구되는 것이다. 교장은 월드컵 축구팀의 감독에 해당된다. 축구팀의 구성과 전략, 작전은 전적으로 감독에게 맡겨져 있듯이, 학교는 전적으로 교장에게 맡겨져야 한다. 교장은 교사 팀을 구성할 수 있어야 한다. 히딩크와 아드보카트 감독과 같은 권한과 대우, 책임이 동시에 교장에게 맡겨져야 한다.

국민과 학부모 그리고 다수의 선량한 교사들은 이들의 음모를 분명히 알아야 한다. 그리고 이제는 침묵만 하지 말고 분연히 일어나 이들의 음모를 응징해야 한다. 지금까지 우리 선량한 국민과 학부모, 교원들은 참을 대로 참아 왔다. 더 이상 교육의 주인인 국민을 제쳐 놓고, 교원의 전문성을 무시하는 정책을 들고 나와 교육력을 약화시키고 교육계에 혼란을 일으키면 이제 단합하여 그런 사람들을 도려내고, 또 불복종운동이라도 벌여야 한다. 교육적 원칙과 논리를 무시하는 정책을 받게 될 때 이제 우리 교원은 꿈틀거리는 지렁이 신세라도 되어야 할 것 아닌가?

교육과 정책은 누구를 위한 것인가? 세금을 내는 국민을 위한 것이 아닌가? 민주국가에서 모든 권한은 국민으로부터 나온다. 국민을 받드는 정책을 해야 한다. 제발 전문성과 자격 있는 우수하고 유능한 교장 리더를 중심으로 교사들이 단합하여 신바람 나서 국민과 학생에게 봉사할 수 있는 제도와 여건을 만들어 달라.

(한국교육신문, 2006. 6. 19.)

비전문가에 의한
교원평가는 안 될 말

어려운 여건에서도 국민의 높은 교육열과 교사의 헌신적 교육애, 학생의 불타는 향학열로 우리는 단기간에 한강의 기적이라는 경이적 도약을 했다고 자부해 왔다. 그런데 이제는 교사들이 '왕따'를 당하고, 다면평가를 한다고 백수들이 먹이를 향하여 달려드는 형국이 되었다.

교사를 인민재판식으로 몰고 가는 느낌도 든다. 진정으로 국민의 80%가 교사평가를 해야 하고, 또 정확하게 평가할 수 있다고 믿고, 또 그래야 우리나라 교육이 발전할 수 있다고 믿는다면 시범운영으로 시간을 끌 게 아니라 당장에라도 실시해야 한다. 국민이 원한다면 국민의 뜻에 따라야 한다.

하지만 평가는 간단한 일이 아니다. 평가란 '증거 자료에 가치를 매기는 가치판단'이다. 가치는 다루기도 어렵지만 판단하는 일은 더 어렵다. 고도의 전문성을 다루는 전문적인 일과 전문가를 평가하려면 평가자에게는 이보다 더 높은 전문성이 요구된다. 그래서 평가는 지식 · 이해 · 적용 · 분석 · 종합 · 평가의 순서에서 가장 높은 고등 정신 능력이 요구되는 일이다.

평가가 이렇게 어려운 전문성이 요구되는 일이라는 것을 안다면 가치판단 능력이 약한 어린 학생과 전문성이 적은 학부모에게 교사 평가를 맡겨야 한다고 국민의 80%가 믿지는 않을 것이다. 학생과 학부모의 반응을 가치판단의 자료로 쓰는 것은 좋으나 최종 판단은 전문가 기관장이 해야 한다.

필자는 40년을 수업과 평가하는 일을 해 왔지만 지금도 잘못 평가하여 죄를 짓지 않을까 걱정한다. 이런 경험에 근거하여 나는 확신한다. 학생과 학부모는 고사하고 교육부 장관과 학교정책실장, 교육감도 유치원 교사와 초등 교사를 정확하게 평가하지 못한다. 교사의 직무수행을 가장 잘 알 수 있는 사람은 교장이다. 교장에게 교직원의 지도 · 감독권을 맡겼으면 원칙대로 이들이 잘 평가할 수 있도록 해야 한다.

그리고 평가에 의하여 얻는 것보다 잃는 것이 더 많다. 교사는 자존심과 명예를 먹고 사는데, 어린 학생과 비전문 학부모에 의한 교사 평가라는 말이 나오면서 이미 교사들이 잃은 사기를 경제적 손실로 치면 엄청날 것이다. 평가가 무서워 능력 개발에 노력할 소수 교사에게서 얻는 것보다 다수 교사에게서 잃는 사기의 손실이 더 크다. 교사들이 신바람으로 국민을 위해 봉사하게 하라.

교사의 심기를 건드려 놓은 영국 노동당 정부에서 지금 교사가 부족하여 외국에서 수입해 쓰고 있으며, 교장에게 책임과 스트레스를 주면서 다그친 미국에서는 교장 희망자가 없어서 문제라는 것을 알아야 한다.

우리나라 평가 전문가를 총동원해도 수능문제 하나 제대로 못 내고 난이도 하나 조절 못하고, 수능고사 하나 공정하게 관리하지 못하고, 초등 3학년 학력진단평가도 못하고, 사교육비를 줄인다고 하면서 늘려 오기만 한 교육부가 언제부터 학생과 학부모 모두를 교사평가 전문가로 양성하였는가? 개혁을 하는 체한다고 개악을 하면 분명히 역사에 죄를 짓게 된다.

국민의 신뢰를 잃고 있는 교육부를 먼저 평가하여 교육부를 없애야 우리나라 교육이 잘 된다. 교육부가 잘해서 우리나라가 이 정도로 발전했는가? 대입 학생평가도 제대로 못하여 이 순간까지 국민과 학생을 혼란으로 내몰고 있는 교육부가 교원평가를 잘할 수 있다고 믿을 수 있겠는가?

현재의 교사근무평정제를 잘못 만들어 놓은 건 교육부가 아닌가? 교원평가는 시 · 도 교육청과 학교마다, 그리고 해마다 달라야 한다. 지역마다 연도마다 계획과 목표가 다르기 때문이다. 만날 목표에 초과 달성했다는 오늘날의 북한을 보라. 평가 망국병으로 가지 않는다는 보장이 없다.

(경향신문 지상토론, 2005. 5. 10.)

교사는 제대로 된 평가를 받고 싶다

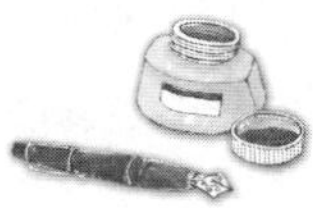

교육부가 내년(2006년) 2월까지 66개교에 교원평가를 시범운영하고, 2007년부터 새 교원평가제도를 시행한다고 하여 문제되고 있다. 어떻게 조사했는지 국민의 80%가 교원평가를 찬성한다고 하며 주요 신문들도 찬성 쪽으로 사설과 기사를 싣고 있어 교사들이 왕따를 당하고 코너에 몰려 있는 분위기가 조성되고 있다. 교육부가 앞장서서 이렇게 몰아가고 있어 더 슬프다. 다면평가를 한다며 교사라는 시체를 뜯어먹기 위해 사자, 이리, 하이에나, 독수리 떼들이 몰려들고, 인민재판식 몰이로 몰고 가는 느낌으로 울분과 참담 그 자체다.

학부모와 국민은 교원들이 평가를 안 받는 것으로 오해하고 있는데 교원선발제도와 평가제도는 이미 존재하고 시행되고 있다. 이런 제도를 만든 것도 교육부이고 잘못 이용되게 한 것도 모두 교육부다. 우선 교원근무평정제도가 이에 해당되며 이런 교원근무평정제도를 만든 교육부는 자신의 무능과 잘못을 시인하여 사과하고 이를 고치는 일부터 했어야 한다. 새로운 제도가 도입되면 현 근무평정제도는 폐지한다는 것인가?

우선 새 교원평가의 목적이 '능력 개발'인데, 평가를 통해서 능력을 개발한다는 부정적 접근으로는 목적을 달성하기 어렵다. 교원이 평가가 무서워서 능력을 개발하겠는가? 능력 개발을 위해서는 연수, 장학 등 능력 개발 프로그램을 돌려야 한다. 우리나라의 교사는 능력이 모자라서 문제라기보다는 있는 능력도 쓰고 싶지 않다는 데 문제가 있다는 것을 알아야 한다. 지금 교사에게 필요한 것은 '신바람'이다.

우리가 잘 아는 것처럼 평가는 '근거 자료에 가치를 매기는 가치판단'으로 지식 ⇨ 이해 ⇨ 적용 ⇨ 분석 ⇨ 종합 ⇨ 평가의 위계에서 최고의 고등정신 기능을 요하는 것으로 전문가만이 할 수 있는 일인데, 전문직 교원의 직무수행 평가를 학생과 학부모에게 맡긴다는 것이 교육부가 할 짓인가? 학생과 학부모의 반응을 평가를 위한 '근거 자료'로 참고하는 것은 가능하나, '가치판단'에 해당하는 평가는 전문가가 해야 한다. 그런데 교육부는 평가자에 '학생'과 '학부모'를 포함시키는 우를 범하고 있다. 수능문제 하나 제대로 출제하지 못하고 관리하지 못하는 교육부가 언제 우리나라 학생과 학부모를 평가 전문가로 양성하였는가? 학생의 평가를 받아 교사의 능력을 개발하겠다는 교육부의 발상을 알면 세계가 비웃을 일이다. 대한민국 교사는 제대로 된 평가를 받아 자아실현을 하고 싶다.

교사의 능력 개발 책임자도 평가, 인사 책임자도 학교교육의 책임자인 교장이다. 교육부는 앞으로 학교교육의 책임을 학생과 학부모에게 맡길 것인가? 학생과 학부모의 평가 결과를 교육부 장관이 활용하여 능력 개발을 할 것인가? 학교를 교장에게 맡겼으면 능력 개발도 평가도 교장에게 맡겨라.

교원평가는 원래 계획-실천-평가의 과정이므로 교육청마다 학교마다 그리고 해마다 달라야 한다. 교육부가 전국 획일의 교원평가를 꺼낸다는 자체가 잘못된 것이다. 지방교육자치를 하는 나라이기 때문이다.

교원평가 문제의 원인 제공에 일부 교원의 잘못이 있다. 교원이 노동자로 자처한 결과 노동자라면 학생도 학부모도 평가하여 능력을 고무줄 늘리듯이 늘릴 수 있다고 믿게 만든 것이다. 교장에 대한 불만 표현도 교원을 모두 초라하게 만들었다. 제발 불법, 부정, 무능, 부적격 교사를 골라내라. 그러나 국민교육을 교사에게 맡기려면 교사의 자존심을 건드리지 말아 달라.

지금 영국과 프랑스, 미국에서는 교사 부족과 교장 부족으로 비상이 걸렸다. 외국에서 교사를 수입하여 쓴다. 모두 교사의 자존심을 건드리고 다그친 결과다. 이제는 나갔던 교사를 돈을 주면서 사정하며 불러들이려 해도 한번 돌아선 교사들의 마음을 되돌리지 못하고 있다. 우리나라도 이렇게 되지 않는다는 보장이 없다. 선비정신을 이어받은 대한민국 교사라면 가치판단력이 약한 어린 학생과 비전문가 학부모의 평가와 실험에 비굴하게 응하면서 월급받을 생각을 말아야 한다. '수업공개'와 '평가'라는 용어는 엄연히 다르다. 교원의 자존심이 걸린 문제다.

교육은 국가를 지키는 최후의 보루다. 교육이 무너지면 그 나라, 그 민족은 끝장이다.

(한국교육신문, 2005. 5. 16.)

교육만이 살길이다

우리 조상은 교육을 가장 중시해 왔다. 천연자원이 적은 나라에서 멸망하지 않고 살길은 오직 자식을 슬기롭고 똑똑하게 가르쳐 놓는 수밖에 없다는 판단에서다. 더구나 우리 조상은 중국, 러시아, 일본의 인근 강대국들 틈바구니에서 살아갈 수 있는 길을 후손 교육에서 찾고자 했던 것이다. 이런 결론은 유대인들의 조상들도 마찬가지였던 모양이다. 그래서 세계적으로 고난의 역사를 가지고 있는 나라들은 모두 유달리 교육에 힘써 왔다. 우리가 일제강점기에 있을 때도 교육의 힘으로 독립하고자 어려운 속에서도 민족학교를 설립하여 후손 교육에 힘썼던 것이다. 그래서 우리나라에 사립학교가 많은 전통을 갖게 된 유래이기도 하다. 지금도 남북이 갈린 우리 민족의 시련을 교육을 통하여 극복해야 한다는 것이 필자의 신념이다. 교육을 잘하려고 하다 보니 교사들이 존중받아 우리는 군사부일체라고까지 했던 것이다. 교육만이 우리 민족이 조상 대대로 살아갈 길이다.

그런데 세상이 바뀌어 지식정보사회가 되었다고 한다. 지식과 정보는 어디서 만들어 내고 무슨 힘으로 이 지식을 보존, 유통, 활용할 수 있겠는가? 바로 교육의 힘으로 지식을 창출하고, 보존, 유통, 활용할 수 있게 되는 것이다. 지식과 정보는 산업사회에서처럼 공장에서 만들어 낼 수 있는 것이 아니라 교육과 학교, 연구실에서 만들어 내는 것이다. 그래서 지식정보사회에서 교육이 더 중시된다. 지식정보사회에서는 특히 더 교육만이 살길이 된다. 교육도 이제는 분량이 아니라 질인 것이다. 이렇게 교육이 중요한 때 우리나라 정책에서 교육이 무시당하는 것은 안타까운 노릇이다.

교육을 잘하려면 시설 · 환경, 교육과정, 교사 그리고 학생의 4요소가 좋아야 한다. 그중에서도 교사 변인이 가장 중요하다. 교사가 부족한 시설 · 환경과 교육과정도 보완하고 극복할 수 있다고 보기 때문이다. 우수한 교사만 확보할 수 있다면 우리의 교육은 성공 안 하려고 해도 안 할 수 없는 것이다. 그래서 세계 여러 나라는 우수교원 확보에 총력을 기울이고 있는 것이다. 그런데 이렇게 교사가 중요시 되는 때에 교사가 흔들리고 우리나라 정책에서 교원이 무시되는 것을 보는 것은 교육학자로서 참기 힘든 고통이다.

이런 때 어려운 여건에서도 묵묵히 교원의 길을 걷고 있는 많은 우수한 사례의 모델 교사와 교육지도자들이 있는데 이들은 진정 우리나라 교육의 전통을 지탱해 주는 버팀목이라고 본다. 이들은 존경을 받아 마땅하고 또 영광을 모두 이들에게 돌려도 오히려 부족하다고 해야 할 것이다.

우리나라가 뻗어나갈 수 있는 길은 오직 교육뿐이고 교육을 잘하려면 우수한 교원을 계속 잘 길러내지 않으면 안 된다. 그런데 그동안 교원교육이 현장과 멀리 떨어진 이론에 치우치고, 그저 몇 학점만 따면 교사자격증이 발행되는 식이어서 심지어는 교사자격증 따기가 운전면허증 따기보다도 더 쉽다는 비아냥거리는 말이 나올 정도였다. 말하자면 능력이 우수한 교원 희망자 자원들을 교원양성기관이 받아들였지만 우수한 교원으로 우수하게 길러내지 못했던 것이다. 그런데 교사양성교육이 너무나 형식적이고 기계적이었다는 비판을 받고 있다. 앞으로 현장중심의 교원양성교육이 강조되어야 할 것이다. 픽션이 아니고 실천 그대로이고, 반성적 사고와 반성적 행동을 할 수 있도록 하는 교원양성 교육과정으로 전환해야 할 것이다.

천연자원이 부족한 우리나라에서 교육에 의한 인적 자원 개발만이 우리의 살길이라는 생각으로 교육에 힘써야 하고, 교육에서 가장 중요한 교사의 중요성을 인식하고 우수교원 양성에 획기적인 변화와 집중 투자가 요구된다. 교육에 종사하는 교원으로서 이런 민족적 사명감으로 교육에 임해야 할 것이다.

정직이 통하는 사회

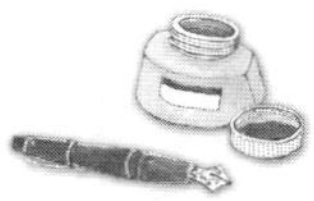

어린이와 청소년을 보면 그 나라의 장래를 알 수 있다고 하는데 국가가 관리하는 대입수능시험에 대규모 부정행위가 있었다니 우리 민족과 국가의 장래를 먼저 걱정하게 된다. 그리고 우리 학생들이 이렇게까지 된 데 대하여 어른으로서, 또 교육자와 교육학자로서 부끄럽고 국민과 학부모, 학생들에게 죄송스럽기 그지없다. 더구나 지금까지 세계 사람들이 우리 국민을 신용이 부족한 것으로 보는 경향이 있었는데, 이런 일로 국가의 이미지가 한층 더 떨어질 것으로 생각하면 끔찍하기도 하다.

여기서 몇 가지 중요한 점을 짚어 봐야겠다. 첫째, 학생들이 조직적으로 대규모로 사전에 계획했다는 점을 중시한다. 이런 부정이 통하리라고 생각한 도덕 불감증 자체가 문제다. 이런 부정이 그동안에도 통해 왔기 때문에 이런 계획을 했던 것으로 볼 수 있다. 그동안 교내시험, 다른 모의시험에서 이런 부정이 없었다는 보장이 없다. 그동안 학교에서 사람을 가르치지 않고 학과목을 가르치고 학급을 가르치는 교육을 했기 때문이다. 학생과 사람을 개별적으로 가르치지 않고 공장식, 분업식, 조립식으로 가르친 결과라고 하지 않을 수 없다.

둘째, 어른들의 책임을 지적하지 않을 수 없다. 먼저 그렇게 많은 학생이 계획을 하고 거금을 들여 휴대전화를 구입하는데 단 한 명의 부모도 전연 눈치 채지 못했느냐는 점이다. 부모가 방조하지 않았더라도 그렇게 많은 용돈을 주고 또 어디에 쓰는지 확인도 않고 있다는 점도 문제다. 어른 브로커가 개입 안 했다고 하더라도 이는 전적으로 어른들의 책임을 묻지 않을 수 없다. 사전에 범죄가 예고되었는데도 이를 막지 못한 것 또한 어른의 책임이다. 부모, 경찰, 교육자, 교육행정가 모두가 책임을 져야 한다.

과거에 수능시험 문제를 관리를 하는 장학관이 빼돌린 정답을 부모가 사서 자식에게 주어 의과대학에 합격한 사건이 있었다. 필자는 이렇게 부모와 자식이 짜고 거짓을 하고 도둑질하는 것을 더 걱정한다. 옛날 도둑들은 비록 부모는 도둑질하더라도 최소한 자식보고는 거짓이나 도둑질을 하지 말라고 가르쳐서 희망이 있었는데, 이제는 부모와 자식, 교사와 학생, 어른과 아이가 합동작전으로 거짓을 하기 때문에 우리나라의 앞날을 더욱 걱정하게 된다.

셋째, 국가시험 관리에 구멍이 난 것을 걱정한다. 국가시험이 이럴진대 휴대전화 단속도 않는 그 많은 시험의 부정행위는 어떨 것인가? 국가의 권위와 신뢰가 떨어져 수많은 국민과 학부모를 실망시킨 것이 문제다. 원래 한날한시에 이렇게 거대한 국가시험을 객관식으로 치른다는 자체가 범죄의 멍석을 깔아 준 것이나 다름 없다.

일은 이미 저질러진 것이다. 이제는 후속 조치를 어떻게 하느냐에 대하여 생각해 봐야 한다. 우선 이번 계제에 철저한 수사를 하여 더 이상 이런 거짓이 통한다는 인식을 청소년이 갖지 않도록 해야 한다. 다른 부정이 남아 있다면 이번에 적발된 사람들만 재수 없이 걸렸다는 요행으로 돌리게 된다. 우리나라에는 재수 없다는 풍조가 만연되어 있고 요행으로 살려고 하는 사람들이 있는데, 차제에 이를 불식시키기 위해서라도 철저히 조사해서 응분의 처벌을 받게 하여야 한다. 어린 학생의 장래를 생각하여 덮어 두기 식으로 처리해도 안 되고 일벌백계 식으로 과도하게 벌을 해서도 안 된다.

둘째, 가정교육과 학교교육에서 정직, 성실과 같은 가치를 철저히 가르치고 이런 도덕과 윤리의 기초를 튼튼히 하도록 해야 한다. 부모와 어른이 먼저 거짓을 안 하고, 거짓이 통하지 않는 가정과 사회가 되어야 한다. 국가와 사회가 온통 불법과 무질서가 난무하는 상태에서 학생들만 정직하게 키우기 어렵다. 부모와 어른, 국가의 지도자들이 이번 일을 부끄럽게 생각하고 정직이 통하는 사회를 만들기 위해 특단의 결심과 조치를 해야 할 것이다. 학교교육도 공장식 교육에서 학생 하나하나에게 맞는 개별화 교육을 할 수 있게 되어야 한다. 세계는 지금 21세기에 맞는 개별화 교육을 하기 위해 엄청난 국가재정을 교실에 집어넣고 있다. 학생 하나하나에 정성을 쏟는 정성 교육이 요구된다.

셋째, 국가는 더 이상 무리한 일을 하지 말고 원칙을 찾아야 한다. 학생 선발은 원래 학교장의 몫이다. 각 대학이 자신들에게 맞는 방법으로 자기 학교에 맞는 학생을 뽑는 것이 원칙이다. 국가가 전국의 모든 입시를 관리한다는 것이 원칙에 어긋난 것이다.

교육은 국가를 지키는 최후의 보루다. 교육이 무너지면 나라 전체가 무너지고 장래도 무너진다. 그래서 교육에서 거짓이 득하고 청소년에게서 부정과 요령이 통하게 해서는 안 된다. 교육이 무너지는 것은 경제나 정치가 무너지는 것보다 더 무서운 일이다. 우리 민족에게 경각심을 주기 위해 이런 일이 벌어진 것이라고 생각하여 임시방편이 아닌 근본적인 대책을 세워야 한다. 정직과 신뢰가 통하는 사회가 선진국이다.

(경향신문, 2004. 11. 23.)

학교에서의 안전

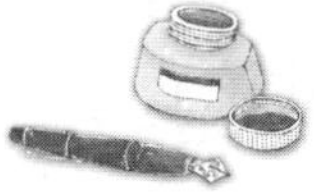

학교는 어느 기관이나 조직, 건물에 비하여 가장 인구가 집중되어 있는 곳이다. 그래서 학교를 인구 집중 봉사 전달 조직이라고 한다. 더구나 그 인구가 대부분 약한 어린이와 여자로 구성되어 있는 곳이기 때문에 가장 안전 취약 지역이고 안전 위험 지역에 해당된다. 그런데 학교 현장은 안전 불감증에 걸려 있다고 해도 과언이 아니다. 건물과 시설 자체도 너무나 허술하고, 안전을 위한 경비는 전무한 상태고, 안전의식도 공백 상태라고 할 수 있다. 유치원이나 초등학교를 방문할 때 교문이나 현관에서 신분이나 방문 목적을 확인하는 사람은 하나도 없다. 나는 이런 학교 환경을 볼 때마다 아찔한 느낌을 갖는다. 만일 불량배나 정신이상자가 학교와 교실에 들어와 어린 학생이나 교사에게 접근해도 막을 사람이 없다. 불량배나 정신이상자가 학교에 들어와 난동을 부려도 자기방어 능력이 없는 어린이와 학생과 약한 여자 교사들이 이를 제지하기 어려운 실정이다. 필리핀의 경우 대학의 모든 건물에까지 안전요원이 배치되는데, 이에 비하면 우리나라의 경우는 불법침입자로부터 학교는 무방비 상태라고 할 수 있다. 미국의 경우도 학교에 방문하는 모든 사람은 각 주의 법에 의하여 학교장의 허락을 받게 되어 있다.

그리고 학교 건물은 불이 나도 견딜 수 있는 내연재나 불연재로 되어 있어야 하는데 학교의 거의 모든 건물은 불에 약한 재질로 되어 있어 인구 집중 건물에 비하여 학교는 화재에 취약하기 그지없다. 학교의 건물과 시설로부터 학생과 교직원이 안전할 수 있도록 해야 한다.

그래서 학교는 안전 취약 지역임에도 불구하고 교직원이나 행정가의 안전의식은 너무나 미약하다고 하지 않을 수 없다. 민방위 훈련이나 소방 훈련을 할 때 실제 상황을 생각하고 해야 하는데 장난인지 놀이인지 구별하기 어려운 실정이다. 미국 같이 안전한 나라의 학교에서 소방 훈련을 할 때 보면 실제처럼 아주 엄격하게 한다. 그래서 학교 안에서 총기난동 사건이 있을 때 교사의 지도 아래 평소 훈련한 대로 움직여 인명의 희생을 최소화시키는 것을 지난 여러 사건에서 알 수 있었다. 설사 학교가 안전한 곳이라 하더라도 학생 시절의 안전교육은 아무리 강조해도 오히려 부족하다고 하지 않을 수 없다. 앞으로 가정과 학교에서의 안전교육만큼은 철저를 기해야 한다. 학교에서 가장 중요한 수업 시간을 희생하면서까지 안전 훈련을 한다면 그만큼 그 시간을 귀중하게 사용하여 실제처럼 훈련해야 할 것이다.

우리나라는 부끄럽게도 안전사고의 왕국이라고 불릴 정도다. 교통사고도 많고, 산업재해도 많고, 자연재해도 많고, 가정에서의 안전사고도 너무 많다. 어린이가 있는 가정은 모든 위험물이 제거되어 가장 안전한 곳이 되어야 한다. 기차와 비행기가 곤두박질치고, 배가 가라앉고, 차가 부딪치는 사고는 너무나 많다. 가스가 폭발하고 화재가 발생하는 빈도도 너무나 높다. 성수대교가 끊어지고 삼풍백화점이 무너지고, 시랜드에서 유치원 아이들이 타 죽고, 호프집에서 중 · 고등 학생들이 또 타 죽었는데도 우리는 아직도 정신을 못 차리고 있다. 대구 지하철 화재사고는 너무나 허술하고 어이없이 일어난 일이다. 이런 일이 반복해서 일어나는 한 우리는 후진국, 때로는 야만국이라는 불명예에서 벗어나기 어렵다.

우선 지하철의 열차가 그렇게 싸구려로 만들어진 것을 알고 탔던 사람은 별로 없었을 것 같다. 불에 폭삭 사그라지는 그런 내장재로 만들어진 열차를 우리가 매일 타고 다니는 줄을 누가 알았겠는가? 정신이상자가 공공장소에 그렇게 활개치고 다니고, 위험물질을 가지고 지하철에 무단출입할 수 있고, 휘발유에 불을 붙여도 남의 일에 참견해서는 안 되는 그런 나라가 되었다. 이것을 자유와 민주주의로 착각하고 있는지 모른다. 지하철 근무원의 안전의식과 비상조치도 엉망이다. 운전기사는 아무리 사령실에서 명령했다 하더라도 비상조치도 취하지 않고 자기만 살자고 달아나고 거짓말하기에 급급했다. 자기 자리에서 제 기능을 한 역무원이 하나도 없다. 중앙종합사령실이나 운전사령실 같이 중요한 자리에서 근무하는 사람들이 제대로 판단하고 통제하지 못했다. 기계설비사령실에 화재 경보 자막이 나오고 경고음이 울렸는데도 이를 무시해 버렸다고 한다. 이것은 근무 태만이나 실수가 아니라 살인 행위라고 해도 변명할 말을 찾기 어려울 것이다. 소방본부에서 비상 신고전화를 받는 태도와 조치도 비상사태와는 너무나 거리가 멀었다. 죽어 가면서 울부짖는 목소리에 어울리지 않게 119 전화 접수자의 목소리는 아무런 도움도 주지 못하고 한가롭게 들린다. 말하는 어조 자체가 비상사태와는 어울리지 않는다. 끝까지 실종자와 희생자를 확인하고 뼈 조각 하나라도 찾아야 하는데 증거 인멸을 위해서인지 지하 3층까지 성급하게 물청소를 하고 교신 내용까지 조작하려 했다니 엄청난 희생에서 무엇을 배우고 학습할 수 있겠는가? 사고와 실수로부터 배우고 대처하지 못하면 사고는 앞으로도 반복될 수밖에 없다. 그래서 결국 우리는 너무나 많은 귀중한 생명과 대가를 반복해서 치르고 사고왕국의 세계적 오명을 계속해서 뒤집어쓰게 된다. 너무나 안타깝고 부끄러운 노릇이다.

이런 너무나 값비싸고 귀중한 대가를 치르고도 배우는 것이 없어 이런 일이 반복된다면 이것은 너무나 억울한 노릇이다. 어떤 일이 있어도 생명을 지키기 위하여 사고를 사전에 막아내지 않으면 안 된다.

학교는 가장 안전 취약 지역이다. 학교에서 대구 지하철 참사와 같은 사고가 안 일어난다는 보장이 없다. 학교는 화재로부터도 자유스럽지 못하고 폭력으로부터도 무방비 상태다. 외부로부터의 폭력은 말할 것도 없고 학교 안에서의 학생들 간의 폭력도 연약한 여자 교사들이 대부분인 상황에서 막을 수 없다. 하루 빨리 학교시설을 이 세상에서 가장 안전하게 고치고, 또 학교에서도 안전교육과 훈련에 완벽을 기해야 한다. 특히 어수선한 신학기를 맞아 안전과 질서 교육에 최우선 순위를 두기 바란다. 그래서 어리고 약한 인구가 집중되어 있는 학교가 이 세상에서 가장 안전하고 편안한 곳이 되도록 하여야 한다.

(새교육, 2003, 3월호.)

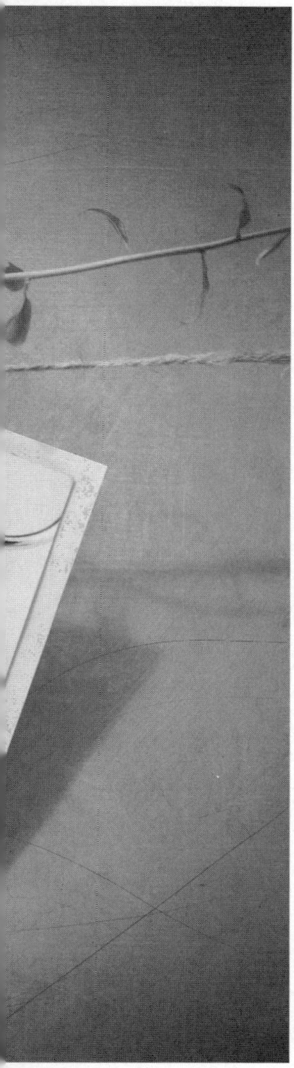

제3부 불가능의 성취

불가능의 성취

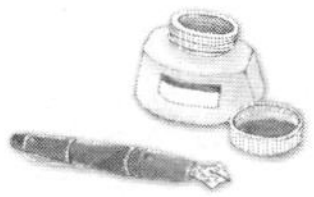

이 제목은 내가 이 세상에서 처음으로 글을 써서 활자화되어 출판된 글의 제목인 것 같다. 1962년 서울교육대학교에 입학하여 가르칠 '교(敎)'자를 배우기 시작하여 1년을 보낸 서울교육대학 2학년 때 당시 대한교육연합회(현 한국교총)가 발행하던 교원이 많이 보던 월간지 『새교육』 4월호(15권 4호, 통권 102호)에 실린 나의 글 제목이다.

당시 글을 썼던 의도는 내가 조직하여 회장을 맡고 있던 '서울교대아동연구회'를 교육 잡지에 소개하려는 데 있었다. '불가능의 성취'라는 말에는 모순이 내포되어 있다. 불가능한 것을 어떻게 성취한다는 말인가? 가능했기 때문에 성취되는 것이지. 다만 불가능해 보였던 것이 성취될 수 있을 뿐이다. 기본 아이디어는 'IQ 100을 가진 학생 두 사람이 모이면 IQ 125를 가진 학생이 풀 수 있는 수학 문제를 풀 수 있다.'는 데서 나왔다. 즉, IQ 100을 가진 한 사람에게 불가능했던 것이 두 사람이 모여 협동하면 가능할 수 있다는 가설이다. 세상에 불가능한 것은 드물다. 다만, 불가능해 보일 뿐이다. 충분한 지렛대만 주어진다면 지구도 옮길 수 있다고 하지 않는가? 그리고 충분한 시간만 주어진다면 어린 학생도 학자처럼 어려운 문제도 풀 수 있고 지식도 생산해 낼 수 있다고 하지 않는가? 그래서 나폴레옹도 자기 사전엔 불가능이란 말은 없다고 하지 않았는가? 세상에 어떻게 불가능이 없을 수 있겠는가? 설사 불가능한 것이 있더라도 '불가능이란 없다'고 믿는 사람에게 성취의 기회가 많아진다는 것이다. 불가능하다고 쉽게 포기하는 사람보다는 가능하다고 믿고 달려드는 사람에게 하느님은 기회를 주는 것이다.

내 글이 실린 같은 호에 마침 당시 나의 지도교수이신 서울교육대학 미술과 교수님의 글도 실려 있었다. 지도교수님은 나의 글 제목을 유심이 보고 오랫동안 기억하고 계셨던 것 같다. 사실 나는 이 제목으로 글을 썼다는 사실 자체를 잊고 살아왔다. 1981년 미국 미네소타 대학교에서 교육행정학으로 박사학위를 받고 충남대학교 교육학과 교수로 재직하던 중 1990년 나의 모교 서울교육대학교를 방문했다가 이 교수님 연구실을 찾았더니 교수님은 옛 제자인 나를 반갑게 맞으며 아무 말 없이 먹을 갈더니 '不可能의 成就'라고 써 주셨다. 아니 이때까지 27년 동안 은사님께서 이 제목을 기억하고 나의 성공과 성취를 기다리고 계셨단 말인가? 이 이야기를 듣고 나의 아내는 이내 동네 표구상에 가서 표구를 하여 나의 서재에 걸어 놓아 지금까지 보관하고 있다. 그리고는 2009년 5월 9일 나를 위한 제자들의 스승의 날 행사에서 처음으로 이 이야기를 공개하며 은사님의 '不可能의 成就'라는 붓글씨를 복사하여 나누어 주었다. 그러고 보니 내가 초등교사에서 해외 유학으로 박사학위를 받고 교수가 되어 수많은 강의를 하고 50여 권의 책을 쓴 것도 작은 불가능을 성취한 것이고, 또 은사님의 끝없는 기다림의 덕이 아닌가 생각한다. 그런데 '불가능의 성취'를 써 주신 은사님은 나에게 알리지도 않고 저 세상으로 가셨다.

미국의 명문 카네기멜론 대학교 컴퓨터학과 47세 랜디 파우시 교수는 췌장암에 걸려 죽음을 앞둔 10개월 전에 마지막 강의(www.thelastlecture.com)를 하면서 자신의 어린 시절의 꿈과 꿈의 실현을 위하여 노력한 점에 대하여 말하면서 마지막까지 '절대 포기하지 말라'고 하고 10개월 후에 이 세상을 떠났다. 이 말이 그의 세 아이들에게 남기고 싶었던 마지막 말이었던 것이다. 우리는 꿈이 있을 때 살 의미를 갖는 것이다. 'I Have a Dream'도, '거위의 꿈'도 아주 좋은 가사이고 노래다.

I have a dream

I have a dream, a song to sing
To help me cope with anything
If you see the wonder of a fairy tale
You can take the future even if you fail

I believe in angels
Something good in everything I see
I believe in angels

When I know the time is right for me
I'll cross the stream – I have a dream

I have a dream, a fantasy
To help me through reality
And my destination makes it worth the while
Pushing through the darkness still another mile
I believe in angels
Something good in everything I see

I believe in angels
When I know the time is right for me
I'll cross the stream – I have a dream
I'll cross the stream – I have a dream

I have a dream, a song to sing
To help me cope with anything
If you see the wonder of a fairy tale
You can take the future even if you fail

I believe in angels
Something good in everything I see
I believe in angels
When I know the time is right for me
I'll cross the stream – I have a dream
I'll cross the stream – I have a dream

거위의 꿈

난, 난 꿈이 있었죠. 버려지고 찢겨 남루하여도
내 가슴 깊숙이 보물과 같이 간직했던 꿈

혹 때론 누군가가 뜻 모를 비웃음 내 등 뒤에 흘릴 때도
난 참아야 했죠. 참을 수 있었죠. 그 날을 위해

늘 걱정하듯 말하죠. 헛된 꿈은 독이라고
세상은 끝이 정해진 책처럼 이미 돌이킬 수 없는 현실이라고

그래요. 난, 난 꿈이 있어요. 그 꿈을 믿어요. 나를 지켜봐요.
저 차갑게 서 있는 운명이란 벽 앞에 당당히 마주칠 수 있어요.

언젠가 난, 그 벽을 넘고서 저 하늘을 높이 날을 수 있어요.
이 무거운 세상도 나를 묶을 순 없죠.
내 삶의 끝에서 나 웃을 그 날을 함께해요.

늘 걱정하듯 말하죠. 헛된 꿈은 독이라고
세상은 끝이 정해진 책처럼 이미 돌이킬 수 없는 현실이라고

그래요. 난, 난 꿈이 있어요. 그 꿈을 믿어요. 나를 지켜봐요.
저 차갑게 서 있는 운명이란 벽 앞에 당당히 마주칠 수 있어요.

언젠가 나 그 벽을 넘고서 저 하늘을 높이 날을 수 있어요.
이 무거운 세상도 나를 묶을 순 없죠.
내 삶의 끝에서 나 웃을 그 날을 함께해요.

'Black'이라는 영화에서 사하이 교사가 시각장애인, 청각장애인 그리고 언어장애인인 미셸에게 가르치지 않은 오직 말 한마디는 '불가능(impossible)'이었다. 불가능이란 없다고 믿고 평생을 바쳐 미셸을 가르쳐 남들이 20년 만에 대학을 졸업할 때 40년 만에 대학을 졸업하게 하였다. 미셸이 막상 대학을 졸업하게 될 때 사하이 교사는 미셸의 가운 입은 졸업식을 보지 못하고 알츠하이머 병에 걸려 병원에서 쇠고랑을 차고 있었다. 이제는 반대로 제자인 미셸이 불가능은 없다는 말을 믿고 사하이 교사가 자기에게 가르쳤던 대로 손가락으로 물(water)이라는 단어를 은사에게 가르치는 것이다. 사하이 교사가 '워터'라는 말을 처음으로 발음할 때, 그들의 또 하나의 '불가능은 성취'되었던 것이다. 불가능은 없다고 믿고 노력할 때 꿈은 이루어진다. 이 영화가 우리나라에서 곧 개봉된다고 한다.

1981년도 8월 나의 꿈 박사학위 논문 감사의 말씀(acknowledgement)에서 나도 "불가능을 가능으로 만들어 준(who made 'impossible' a 'possible') 모든 분께 특별히 감사 드린다."는 표현과 "꿈의 실현을 도와준(who helped make a dream come true) 모든 분께 심심한 사의를 표한다."는 표현을 쓴 적이 있다.

여기 1963년도에 썼던 나의 글 '불가능의 성취'를 옮겨 놓는다.

불가능의 성취

-서울교대의 아동연구회-

미국의 커티스(Courtis)는 미시간주의 교육 잡지에 '불가능의 성취' 라는 제목으로 지능 지수(I.Q) 100을 가진 학생 두 사람이 모이면 지능 지수 125를 가진 학생이 풀 수 있는 수학 문제를 풀 수 있다*고 발표하였다 합니다. 이것은 협동에 의해서 보다 큰 문제, 보다 어려운 문제를 해결할 수 있고, 공동의 힘에 의하여서만 우리 인류 문화는 보다 나은 발전을 할 수 있다는 것을 암시하는 것입니다. 오늘날 인간 생활의 중요한 여러 가지 문제와 아동 교육에 관한 여러 가지 문제, 교육계의 보다 나은 발전을 가져오기 위한 연구는 커티스 씨가 말한 원리에 의하여 개인의 힘보다는 여러 사람의 힘을 합쳐야겠다는 것을 절실히 느끼고, 교육계에 뜻을 세운 서울교육 대학생이 아동에 관한 여러 가지 이론과 실제를 조사하고 연구하여 보다 나은 아동교육을 하고, 어린이를 어린이답게 키우자는 목적하에 굳게 뭉친 것이 바로 소개하고자 하는 본 연구회인 것입니다. 이 연구회는 1962년 6월, 이에 뜻을 둔 학생들이 '어린이를 어린이답게 키우자.' 라는 모토 아래 발족, 학교의 허가를 얻어 교수님들의 지도와 부속 초등학교 선생님들의 조력을 얻어 주로 부속 초등학교 어린이를 상대로 연구 활동을 해 오고 있습니다.

발족 후, 지금까지의 활동을 간단히 살펴보면, ① 본 회의 조직과 연구 방향, 연구 활동, 연구 생활에 대한 지도를 받고, ② 지금까지 초등교육계에서 연구된 사항을 구해 보았으며, ③ 회원들 주변에서 볼 수 있는 문제아동, 말하자면 한 집안이라든지 이웃 친척에서 볼 수 있는 좀 비정상적인 어린이에 대해서 토의 연구해 보았으며, ④ 동시 · 동화 등 아동 문학에 대한 강의를 받고, ⑤ 아동들의 많은 시간과 잔돈푼을 허비하며 모든 공부를 제처 놓고 탐독하는 만화에 대해서 질문지(1,603명 상대, 교동 · 금호 · 동대쿤 · 부속 초등학교 어린이)에 의한 조사와 회원들이 만화가게에 나가 그 상태 등을 조사 연구하여 분석 검토하고 계속 연구 과제로 남겨 두었습니다. ⑥ 그리고 동기 휴가에 접어들면서 본회원이 교육 지식이 부족함을 절실히 느끼고 교육 서적을 구해서 읽기로 했으며, ⑦ 한두 명의 가까운 어린이를 택하여 관찰하기로 하여 실천 중에 있습니다. 이와 같이 지금까지는 기초를 닦기 위한 미미한 활동뿐이나, 앞으로는,

3월-회보 발간, 신입생 회원 모집

4월-제1차 아동 연구 대회(교내)

5월-어린이날 행사로 어린이 백일장

6, 7월-휴가 중 활동 계획 토의

8월-방학 중 농촌과 도시 교육의 비교 조사

10월-교육 주간 행사로 제2차 아동 연구 대회

9, 10, 11월-2학년 교육 실습 중 활동, 동계 휴가 중 연구와 제2호 회보 원고 모집 등의 계획으로 활동할 예정에 있습니다.

그리고 본 연구회의 조직을 잠깐 살펴보면, 지도교수가 있고 조력자로 부속 초등학교 교사가 있으며, 총무부, 조사연구부, 출판보급부로 분담했으며, 앞으로 졸업생을 생각하여 졸업생 회원과 본 대학 재학생 회원으로 회원을 구성하여 긴밀한 연락을 하도록 구상 중에 있어 졸업 후 현직에서의 연구가 더욱 기대됩니다. 그런데 이와 같은 조직과 또한 1963년도 활동 예정을 가

지고 있으나, 여러 가지 난관이 있습니다.

첫째로, 회원이 교대생으로 2년간에 초등학교 8대 교과를 위시한 교양 과목, 교직 과목, 특히 예능과를 갈고 닦는 데 동분서주하여 시간적으로 연구 시간이 적고, 둘째로 경비 조달 문제가 큽니다. 또 이제 막 교육이란 말을 듣기 시작하여 교육에 대한 지식 · 경험이 아직까지도 부화 못한 알(卵)의 상태로, 한 배의 교대생 병아리를 부화시키지도 못한 둥우리에서 연구해야 하는 난관이 있습니다. 다만, 지금은 이 정도지만 후배들은 아름다운 전통 속에서 빛나는 활동을 할 것이라는 기대와, 회원의 굳건한 단결과, 어린이 연구 모임의 남상인 '색동회'의 회원이신 조재호 학장님께서 우리들로 하여금 '색동회'를 이어받을 수 있도록 북돋아 주시고, 지도교수님께서 극력 지도해 주시니 이것만이 우리의 연구에 거름이 되고 원동력이 되는 것입니다. 부가할 만한 것은 본 회원 중에는 가정교사의 필요성이 없는 사람까지도 어린이와 한 발짝 더 가까이 하자는 의미에서 가정교사의 생활을 통해서 얻는 지식과 연구의 소득도 적지 않다는 것입니다.

끝으로 교육계의 여러 선배님과 다른 연구 기관의 아낌없는 지도 편달과 후원 있으시길 빌며, 지금까지 이렇다 할 업적은 없으나 앞으로 눈부신 연구 활동으로 우리나라 초등교육계에 공헌할 것을 기약하고 다짐하면서 우리의 작은 모임을 간단히 소개합니다.

(새교육, 1963, 4월호, 15권 4호, 통권 102호,
서울교대 2학년, 필자 최초의 활자화된 글)

주

*서양 교육사, 교우사간 1962, p. 49.

태평양을 건너

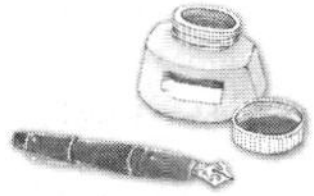

어떻게 보면 어린 시절 나에게는 꿈이 없었고 그 당시 상황에서 나는 꿈을 가질 수도 없었다. 앞으로 살아갈 길이 막막했었다. 중학교를 졸업하고 집에서는 고등학교를 보내 줄 생각도 안 했고 자신도 고등학교에 다닐 형편도 안 된다고 생각했고, 고등학교 졸업하고 건달처럼 놀러 다니는 근처 사람들을 보면 고등학교에 진학하고 싶은 생각도 없었다. 그래서 중학교 졸업하고 일 년 농사일을 거들다보니 고등학교 교복을 입고 다니는 친구들이 그렇게 부러울 수가 없었다. 논밭에서 일을 하다 교복을 입고 지나가는 학생들을 보면 나는 그날 저녁 베갯잇을 적시며 한없이 울었다. 그래서 인근 농업학교라도 가야겠다고 간 것이 합덕농업고등학교이고, 농고 졸업 후 1년 또 농사일 거들다 들어간 곳이 서울교육대학교였다. 서울교육대학교 졸업과 동시에 서울시내 초등교사 생활 1년 후 군대 3년을 마치는 동안 결혼하고 제대와 동시에 초등 교사에 복직하고, 결혼 4년만에 야간대학 3학년에 편입하여 학사를 마칠 수 있었다. 야간대학을 마친 후 또 1년 쉬었다가 문을 두드린 곳이 서울대학교 교육대학원이었다. 내가 졸업하기 전까지만 해도 석사학위를 취득하면 거의 다 교육대학 교수가 되었는데 바로 앞에서 자리가 다 채워졌는지 길이 막혔다.

그래도 서울대학교에서 석사를 한 것이 태평양을 건너는 계기가 된 것 같다. 지도교수님이 어디 심어 주려고 노력하는 것 같더니 안 되자 어느 날인가 "주 선생, 한 번 태평양을 건너지" 하는 것이었다. 교수님은 "젊은이는 서부로(Young to the west)" 하는 미국 개척시대의 모토를 바꿔 "젊은이는 태평양을 건너" 하는 마음을 갖고 있었던 것 같다. 지도교수님의 말을 듣고 나서 "나도 유학할 수 있는 사람인가?" 하는 생각을 하게 되었다. 그 당시 아무리 따져 봐도 유학 조건에는 안 맞는다고 생각했다. ① 우선 영어도 잘 못하고, ② 건강도 그리 좋지 않았고, ③ 나이도 늦은 편이고, ④ 돈을 모아 놓은 것도 없고……. 뭐 하나 조건을 갖춘 것이 없었다. 유학과 박사가 '불가능해' 보였다. 그래도 남들이 유학을 가니 나도 장난삼아 두어 군데 미국 대학에 지원서를 내봤다. 그런데 나에게도 입학허가서 하나가 날라 왔다. 미국 미네소타 대학교였다. 알고 보니 주립대학교치고는 좋은 대학이라고 하였다. 그렇게 호락호락 박사학위를 주는 학교가 아니라는데 초등학교 교사의 몸으로 휴직을 하고 태평양을 건너 1979년 1월 2일부터 박사 공부를 시작하여 1981년 7월 7일 정확히 2년 6개월 만에 박사학위 논문이 통과되었다.

여기 자랑스러운 나의 모교 합덕농업고등학교 동창회보에 썼던 '미국유학기'가 있다.

미국유학기

귀중한 『동창회보』에 감히 글을 쓸 생각을 못하였습니다. 그런데 간사의 특별 부탁 전화까지 받고도 안 쓰면 너무 뽐낸다는 오해를 받을지도 모르고 또 동창회의 일 추진에 차질을 줄지도 모른다는 판단하에 졸문을 쓰게 되었습니다. 동창회원의 관심과 흥미는 너무나 다양하고 광범위하겠기에 어느 한 분야의 딱딱한 글을 쓸 수도 없겠고 하여 저의 미국 유학 이야기 몇 토막을 쓰고자 합니다. 이것은 모교의 현 재학생이나, 대학이나 대학원에 재학 중인 후배동문에게 혹시 참고가 될까 해서입니다. 선배동문에게는 별로 도움이 안 될 것이나 혹시 동생이나 조카, 자녀분 중에 유학에 관심 있는 분들께는 참고가 될지 모른다는 생각에 이 제목을 택했습니다.

1978년 12월 13일 출국, 미국 미네소타 대학교(The University of Minnesota) 대학원에서 교육행정 전공으로 철학박사 학위(Ph. D.)를 받고 1981년 10월 1일 무사히 귀국하고 동문 여러분께 일일이 고마움에 대한 인사를 올리지 못했음에 죄스럽게 생각하고 있었습니다. 섣불리 인사드린다고 하다가 자기 자랑으로 오해받지나 않을까 염려도 되어서였습니다.

그러나 제가 작은 성공을 해서 돌아온 것은 모두 모교 은사님의 가르침과 선 · 후배동문 여러분의 보이지 않는 염려의 덕이라는 생각이 항상 제 맘속에 가득 차 있습니다. 특히 9회 동기 동창의 성원의 힘이 컸음을 항상 고맙게 생각하고 있습니다. 철학박사에 겁도 없이 도전하여 태평양을 건넜다가 뜻을 이루지 못한다면 저는 영원히 동문도 만날 수 없고 고향에 돌아올 수도 없는 몸이 된다는 보이지 않는 '압력'이 저로 하여금 최선을 다하게 하고 또 그것이 저를 목표 지점에 도달하게 하였다고 믿기 때문입니다. 어려운 여건에서 뛰어야 했었기 때문에 실패에 대한 두려움이 동문들께 떠난다는 인사도 못 드리게 했고, 또 인사 없이 갔었기에 인사 없이 조용히 돌아오게 되었습니다. 어쨌든 이제나마 동문, 은사님, 고향의 모든 분께 고마움의 인사를 먼저 올립니다.

세상에 꿈이 없는 사람이 어디 있겠습니까마는 저도 신촌초등학교(12회), 합덕중학교(9회), 모교 합덕농업고등학교(9회)를 거치는 동안 소년의 꿈을 키웠습니다. 특히 모교에서 3년 동안 준 '특대생(特待生)'이란 장학 혜택은 저로 하여금 저 자신보다도 모교의 명예를 생각하게 했습니다. 제 어깨에는 항상 모교의 '특대생'이란 딱지가 붙어 있는 것 같았습니다. 그 딱지가 너무나 무거웠습니다. 철모르고 서울대 사대 영문과에 도전했다 실패했을 때 은사님들께 죄송했고, 후배들에게 볼 낯이 없었습니다. 저 개인의 앞날 걱정 보다 모교에 대한 죄스러움이 앞섰었습니다. 이듬해(1962) 서울교대(1회)에 입학하여 거기서는 비교적 성공적이었던 것 같았습니다. 서울시내 초등교사를 하면서 3학년에 편입학한 국제대 영문과 야간대학 생활도 비교적 순탄했습니다. 여길 나와도 초등학교 교사는 면하지 못했습니다. 1973년 서울대 교육대학원 교육행정전공(석사)에 도전하여 서울대의 철문을 다시 두드렸습니다. 다행히 됐어요. 그때서야 서울사대에 도전하여 낙방의 고배를 마셨던 분풀이로 실컷 공부했지요. 그 결과 교수의 인정도 받았고 장학금도 계속 받았었죠. 결국 미국 유학으로 철학박사에 도전하게 된 저력과 꿈을 거기 서울대 교육대학원에서 구체적으로 길러졌다고 봐야 할 것입니다.

1975년 2월 26일 서울대 석사학위증을 획득하고서 무능해서인지 초등학교 교사 신세를 면할 길이 없었습니다. 가족들 보기도 미안했고 주위의 눈총이 무서웠습니다. '서울대 출신 석사가 겨우 초등학교 교사'란 눈총은 저를 못 견디게 짓누르고 저로 하여금 탈출구를 찾지 않으면 안 되게 했습니다. 제 대학원 지도교수의 모토는 '젊은이는 바다 건너로……' 였습니다. 그러나 저는 불행히도 젊지 못했습니다.

항상 라디오를 미군방송(AFKN)에 고정시켜 주머니에 넣고 이어폰을 귀에 꽂고 다녔지만 한 마디도 알아듣지 못하고, 더구나 입은 벌어지지 못했습니다. 영자신문이나 타임지는 항상 필수 휴대품이긴 했습니다.

자식은 셋, 큰애가 초등학교 6학년, 초등학교 선생을 하면서 저축해 놓은 돈도 별로 없었습니다.

그 당시 제 건강도 그리 좋은 편은 못 되었습니다(지금은 달라졌지만). 있는 것, 가진 것이라곤 오로지 노력, 오기, 고집, 집념, 도전, 인내, 만용 같은 것뿐이었습니다. 지금 생각해도 미국 유학에는 '영어' '돈' '건강'의 3박자가 맞아야 할 것 같은데 셋 다 갖추지 못한 채 보통 나이로 38세에 주위 사람의 눈총을 피하는 탈출구를 찾아 김포공항의 하늘에 떠오르게 되었습니다. 비자를 받기 위해 건강진단을 받을 때 만난 의사의 "이제서 어딜 나가려고 합니까?" 하는 말에 가슴 철썩, 신원조회 경찰관의 "이 나이에 어딜 겁도 없이 가려고……?"에 또 한 번 가슴이 철썩 내려앉았습니다. 공항으로 떠나기 전 찍은 가족사진을 지금도 보면 집안 식구 모두가 슬픔에 가득 찬, 울음이 터지기 일보직전의 모습입니다. 유학의 기쁨이란 찾아볼 수 없었습니다. 생활 대책도 세워놓지 못한 채 "설마 산 사람 입에 거미줄 칠까?" 하면서 4식구를 남겨둔 채 착잡한 심정으로 혼자 비행기에 올랐습니다.

✿✿✿

비행기가 창공으로 굉음을 내며 치솟는 순간은 그래도 기분이 좋았습니다. 그야말로 이게 '청운(靑雲)'이란 것인가 보구나 하면서 구름 위에서 관악산을 내려다 볼 땐 청운의 꿈이 금방 다 이루어지는 것 같았습니다. 그러나 그 기분도 일순간뿐 이었습니다. 곧이어 스튜어디스가 비상시 구명대 매는 법을 영어로 설명하면서 시범을 보이는데 한 마디도 못 알아들었습니다. "저것도 못 알아들으면 미국 교수의 강의를 어떻게 알아듣고 박사 공부를 하나?" 또 다시 더 큰 공포에 사로잡히게 되었습니다. 놀란 토끼 그 이상이었을 것입니다. 혹시나 해서 의자에 있는 방송 스위치를 돌려보았습니다. 무슨 코미디가 나오는 모양인데 깔깔거리는 웃음소리만 들리지 더 들을 수가 없었어요. 미국 시애틀에 도착하여 입국 수속을 할 때도 영어로 말을 못해서인지 세관원의 얼굴이 별로 좋지 못했지요. 하여간 두려움 속에서 난생처음 외국 땅에 첫발을 디디게 된 것입니다.

✿✿✿

지도교수를 만나 나 자신을 간단히 뜨덤뜨덤 소개하고 나서 영어도 짧고(잘 못하고), 시간도 짧고(오랜 여유를 갖고 공부할 수 있는 형편이 못되고), 재정도 짧으나(내 자신이 학비를 조달해야 하며 후원자, 스폰서가 없으나), 최선을 다하고, 오로지 노력해 보겠다고 말하였습니다. 그리고 저는 실패할 수 없는 몸이라고도 덧붙였습니다. 초등학교 교사가 직접 철학박사에 도전하는 사람이 한국에서는 드물어 저의 많은 동료가 지켜볼 것이기 때문에 저는 실패해서는 안 된다고도 말했습니다. 차마 실패하면 죽을 수밖에 없다는 말은 입 밖에 못 냈어도 제 심정은 그러했습니다.

처음 만난 낯선 외국인 지도교수는 모두 괜찮고, 앞으로 하면 되고, 실패하지도 않는다면서 자세히 또 천천히 말하여 나를 안심시키고 격려해 주었습니다. 더구나 그 지도교수도 저처럼 초등학교 교사도 했고 교장도 지냈다는 것에서 저와 배경이 같아 금방 친밀감을 느낄 수 있었어요. 그러나 친하다고 해서 안 될 일이 되는 미국 사회는 결코 아니라는 것을 주의해야 한다는 말을 한국 교수에게서 듣고 갔기에 등록 수속을 끝내자마자 즉시 공부만 파고들기 시작했습니다. 서울대 지도교수의 마지막 지도 말씀, "가자마자 처음부터 장학금 얘기하지 말고 한 1년 쯤 공부만 열심히 해서 모두 A학점을 받아 놔라. 그때까지 재정이 안 풀리면 그때 가서 장학금 얘기를 해라. 미국의 어느 구석엔가는 착실한 사람에게 줄 돈이 있을 것이다."라는 말만 믿고 무작정 책만 보기 시작했지요.

1979년 1월 2일 겨울학기가 시작되었습니다. '교육정치학', '교육통계'

그리고 지도교수 과목인 '초등교육행정' 세 과목을 수강하기 시작했지요. 학교의 모든 것이 다른데다 벙어리에 귀머거리이니 고생은 예상한 것 이상이었습니다. 한국에서는 멀쩡한 신사에 지식인이라고도 생각하던 놈이 생병신 노릇하고 있는 생각을 하면 분통이 터질 것만 같았습니다. '교육정치학' 교수는 젊고 열렬한 교수로 수강생이 강당으로 가득차고 말이 빨라 미국 학생도 어렵다고 소문났었고, '교육통계'는 말소리가 우물우물 입안에서 구르는 발음에다 칠판 글씨를 도대체 알아볼 수 없게 쓰는데다 나 자신이 통계, 수학에 대한 기반이 약해서 고전해야 했습니다. 지도교수 과목은 학생 수도 10명 이내인데다 제가 교육경력이 있어서 도움이 되고 또 지도교수가 나에게 신경을 특별히 써 줘서 좋았습니다. 그러나 논문을 읽고 비평하는 코스라 토의, 발표를 주로 하게 되어 역시 고역이었지요. 그러나 지도교수에게 한번 잘 못 보이면 큰일이기 때문에 있는 힘을 다하고 있었습니다.

공부하기 시작한 지 꼭 한 달이 되는 1979년 1월 말일이라고 생각되는데, 지도교수(Lambert 박사)가 강의실에 들어오자마자(나 혼자 제일 먼저 강의실에 와 있었습니다) 강의 끝나고 잠깐 만나 상의할 일이 있다고 하는 것이었습니다. 저는 뭐 잘못된 일이 있는가 해서 2시간 강의 동안 조바심하며 걱정하고 있었어요. 강의가 끝나고 두근거리는 가슴을 억지로 진정시키려고 애쓰며 지도교수와 마주 앉았습니다. 지도교수의 태도는 심각하고 진지했습니다. "미스터 주, 혹시 공부하는 데 방해될지 모르겠는데 내 조교(Teaching Assistant)를 해 주지 않겠습니까?" 이 말은 내 귀에 분명히 깨끗이 들어왔습니다. 단번에 알아들을 수 있었어요. 저는 대답보다 먼저 '오, 하느님' 하는 소리가 저절로 나왔습니다. 저는 종교인이 아닌데도 그 순간에는 "하느님이 도와주셨구나, 고맙습니다." 하는 생각이 먼저 들었습니다. 이 기회를 놓치면 안 되겠다는 생각에 당장 하겠다고 했더니 지도교수는 하룻밤만 더 생각했다 결정해서 대답하라고 하더군요. 저는 그럴 수가 없다고 하면서 "제가 1년 후에 교수님께 부탁할 말을 교수님이 먼저 저에게 조교를 해달라고 프로포즈하고 있습니다."라고 서투른 영어로 말하면서 영어를 잘 못해서 제가 조교를 하면 불편해서 어떻게 하느냐고 했더니 그런 것은 걱정 말라고 하더군요. 그래서 2월부터는 조교 봉급을 받으며 공부하게 되었습니다. 그날 너무나 기뻐 맥주 두 캔을 사가지고 한국 친구를 만나 조교 제안을 받은 얘기를 했더니 그 친구는 겉으로는 잘 되었다고 하면서도 나처럼 기뻐해 주지는 않는 것 같아서 좀 서운했어요. 하긴 그 친구는 나보다 일찍 왔어도 그런 혜택을 못 받고 고생하고 있었으니 그랬을 것이라 이해도 되더군요. 하여간 행운이 일찍 찾아 온 것 같았어요. 그렇게 쉽게 일이 풀릴 줄은 몰랐습니다. 돈도 돈이지만 지도교수와 같은 방을 쓰고 도와드리게 되니 자주 만날 수 있고 곁에서 배울 수 있어서 좋고, 조교가 되면 봉급 외에 등록금이 반으로 줄어들고 또 사무용품도 타다 쓸 수 있어서 일거삼득, 사득이었습니다. 다른 사람들에게 이 행운을 얘기하면 어떤 이는 "네가 열심히 했으니까 그렇지, 행운이 어디 있느냐?"라고 합니다. 하긴 조교 자리가 비어 있는 줄도 몰랐지만 아마 교수는 한 달 동안 저의 행동과 태도를 관찰한 다음 결정했을 것은 분명합니다. 억지로 잘 보이려고 애쓰지 않아도 성실하게 노력만 하면 된다는 교훈을 다시 한 번 거기서 확인할 수 있었습니다.

이제 돈 문제는 해결된 것 같았습니다. 절약해서 쓰면 충분히 공부할 수 있을 것 같았습니다. 이제 남은 문제는 공부, 성적, 학점이었습니다. 돈 문제가 해결되니 앞이 훤히 트인 것 같았습니다. 그러니 공부도 더 잘 되었습니다. 더욱 열심히 했습니다. 지도교수 Lambert 박사의 배려에 보답하기 위해서라도 저는 있는 힘을 다했습니다. 제가 지도교수에게 제일 많이 쓴 말은 아마 '최선(do best)'이란 말과 '해보겠다(try)'는 두 가지 말이었을 것입니다. 한 학기 끝난 후 불행하게도 '교육통계' 과목에서 B학점을 받고 말았습니다. 지도교수에게 모두 A를 받지 못해서 죄송하다고 했지요. Lambert 박사는 외국에 와서 첫 학기 성적으로는 성공적이라고 격려해 주었습니다. 두 번째 학기는 더 노력하여 모두 A학점을 따내 교수의 도움에 보답했습니다. 이런 식으로 학점도, 종합시험도, 논문도 아주 순탄하게 끝낼 수 있었습니다. 9개월 후 모든 가족이 와서 같이 생활할 수도 있었습니다.

한국에서 모든 일이 안 되고, 누구도 알아 주는 사람이 없더니 오히려 타국 땅 미국에서 모든 일이 순조롭게 되는 것 같았습니다. 미련스럽게, 누가 보거나 말거나 열심히 하기만 하면 반드시 그 대가가 있었습니다. 지금 여기 한국에 돌아와서도 저는 이걸 믿습니다. 열심히 하기만 하면 그 결과가 빨리 오느냐 늦게 오느냐의 차이는 있을지 몰라도 반드시 그 대가는 돌아오고 만다고요.

논문은 1981년 7월 7일 이중 럭키세븐 날을 골라잡아 통과했습니다. 공부를 시작한 지 정확히 2년 반 걸렸습니다. 빨리 하는 게 잘하는 일은 아니지만 저의 입장으론 여유(시간적, 재정적으로)가 없다보니 서두르지 않을 수 없었습니다.

✿✿✿

지도교수인 Lambert 박사 말고도 고마운 분들을 많이 만났습니다. 궁지에 있을 때 1년간 자기의 조교 자리를 마련해 주고 우리 가족을 돌봐주고 후원해 준 Hansen 박사 부부, 또 자기가 스스로 자청하여 교회를 중심으로 장학금을 마련해 주고 친형제처럼 도와준 McLean 박사 가족과 그의 매제 Post 씨 가족, 그리고 그 교회, 동기동창인 Mary Jo Czaplewski 박사 등입니다.

제 논문의 맨 첫 장 '감사의 말씀' 란에는 이렇게 쓰여 있습니다.

"이 논문은 많은 분의 협조와 도움, 후원, 충고, 격려, 인내의 덕으로 이루어졌다. 이 연구자의 꿈이 실현될 수 있도록 도와주신 많은 분께 심심한 감사의 뜻을 표하고자 한다.

무엇보다 먼저 특별한 감사의 말씀은 불가능을 가능으로, 약점을 강점으로, 이방인을 친구로 만들어 주신 지도교수 Lambert 박사께 드려야 한다. ……천 마디 말을 다 동원해도 인생을 통하여 그 분에게 진 빚을 이루 다 표현할 길이 없다.

....

....

....

끝으로 많은 고통을 참고 뒷받침해 주시며 박사 아들 갖기를 소원하셨던 돌아가신 아버님과 홀로되신 어머님, 박사 동생과 형, 오빠를 고대하며 기도해 주신 형제, 자매, 가족께 연구자는 감사의 눈물을 흘린다. 수많은 휴일과 명절, 방학을 같이 보내지 못하고 저의 연구에 시간을 바칠 수 있도록 기꺼이 허락해 준 아내와 세 딸의 사랑과 뒷받침과 희생에 감사한다."

최선(Do Best)을, 그리고 하는 데까지 해보겠다(Try). 도전 그리고 감사.

(합덕농고 동창회보, 제2호, 1983. 8. 27. pp. 18-28.)

꿈

모두가 꿈을 가지라고 가르친다. 솔직히 나에게는 꿈이 없었다. 초등학교 때는 막연히 판사가 되어 세상을 올바르게 하고 억울하고 불쌍한 사람에게 도움이 되는 사람이 되어야겠다고 생각했던 적은 있다. 그러나 중학교를 마치고 공부를 계속할 수 없게 되자 살길이 막막하고 꿈도 꿀 수 없었다. 근근이 공부를 이어가서 자꾸 공부하다보니 나도 꿈을 가져도 되겠구나 하는 희망이 생긴 것이다. 사실 석사학위를 공부할 때까지도 박사가 되고 대학교수가 되겠다는 꿈을 갖지 못했다. 단지 공부가 하고 싶어서 했을 뿐이었다. 나의 경우는 공부가 좋아서 공부를 하다보니 교수가 됐을 뿐이다. 어려서부터 박사, 대학교수라는 꿈을 갖고 직선으로 달려 온 것으로 오해받는 일이 많다.

교육적 측면에서 어릴 때 꿈과 진로에 대하여 구체적으로 생각해 볼 기회를 많이 갖게 할 필요가 있다고 본다. 꿈이 있어야 공부할 이유가 생기고 삶의 의미가 생기는 것이다. 꿈은 노력을 끌어

내고, 고난을 참을 수 있게 하고, 잠재능력과 활력을 끌어내는 동력이 될 수 있다. 버락 오바마 미국 대통령이 인도네시아의 한 초등학교 3학년 때 자신의 꿈은 미국의 대통령이 되는 것이라고 글짓기를 했다고 한다. 당시 담임교사였던 이스엘라 할머니는 "버락 오바마가 초등학교 3학년 때 꿈대로 미국의 대통령이 된다니 정말 꿈만 같다."라고 당선 직후에 말했다고 한다. 아무리 노인이라도 숨을 거두는 순간까지 희망, 꿈이 있어야 한다. 이 희망과 꿈이 삶의 의미가 된다. 나이를 먹을수록 의미를 찾는다. 의미가 있으면 돈도, 시간도, 땀도 아깝지 않게 된다.

최근에 교장의 비전에 관하여 강의해 달라는 요청이 들어오는데 이 비전이 바로 교장의 꿈에 해당하는 것이라고 볼 수 있다. 교장에서 물러날 때 어떤 지점에 와 있기를 원하는가? 어떤 교장, 어떤 교육자였다는 말을 듣고자 하는가가 바로 교장의 비전과 꿈에 해당하는 것이다. 이 비전은 철학과 신념, 가치에서 나와서 미션(사명)을 거쳐 형성되게 된다. 비전에는 실천을 위한 전략이 따라붙어야 하고 행동으로 옮겨져야 실현되는 것이다. 꿈과 비전이 있어야 교장을 해야 할 필요와 이유가 있는 것이다.

교장은 교사와 학생으로 하여금 꿈을 갖도록 도와주고 그 꿈의 실현을 도와주는 의미 있는 타인(significant others)이 되고 멘토가 되어야 하는 것이다. 이것이 리더의 제일의 속성이 되고 임무가 되는 것이다. 그래서 학교는 학생과 교사의 꿈의 온실, 꿈의 공장, 꿈의 산실이 되어야 하는 것이다.

여기에 내 큰 딸이 다니던 고등학교의 교지에 썼던 글이 있다.

그 다음은 내 모교 초등학교 교지에 썼던 것이다.

대학교수라는 꿈

인간이 동물이나 식물과 다른 점은 꿈을 갖는다는 점이다. 그래서 누구나 꿈을 갖는다. 꿈이 없으면 그 인생은 끝장이다. 죽음이 있을 뿐이다. 학생들이 졸음과 때로는 허기와 싸우며 책과 씨름하는 것은 바로 꿈이 있기 때문이다. '꿈 많은 여고 시절' 이란 말이 있다. 여고생은 많은 꿈, 큰 꿈을 가질 수 있다. 중년 어머니나 할머니의 꿈은 줄어들고 작아진다. 여고생 여러분은 '지금-여기(now-here)' 에 너무 집착하지 말고 시간적으로 공간적으로 좀 멀리 인생의 목표 같은 중요한 점(꿈)을 몇 개 찍어 놓기를 권한다.

꿈을 가지고 있다고 해서 여러분이 바로 그런 꿈속의 사람이 되는 것은 아니다. 그 꿈을 실현하기 위해서는 피나는 노력이 뒤따라야 한다. 크고 원대한 꿈을 가진 사람일수록 더 많은 노력을 해야 한다. 다른 사람과 똑같이 먹고 똑같이 자고, 놀아서는 남보다 더 큰 꿈을 달성할 수 없는 것이다. 세상에 저절로 된 사람은 하나도 없다. 환경이 어려운 사람은 환경이 좋은 사람보다 몇 배의 노력을 더 해야 한다. 인간이기에 때로는 편안과 안일을 찾기도 한다. 그때마다 자기 자신과의 약속과 결심을 되새기고 재결심, 재각오를 하고 다시 꿈을 향해 전진하는 것이다.

애초에 나에게는 꿈이 없었으나 공부하다보니 어쩌다 대학교수, 그것이 나의 꿈이 되었다. 그 꿈이 이루어진 것은 불과 얼마 안 된다. 비교적 어려운 여건이었기에 늦게, 그리고 어렵게 실현된 것이다. 어린 시절을 뒤돌아

보면 다른 친구들처럼 새알 꺼내는 일도, 물고기 잡는 일도, 소 꼴 베는 일도, 썰매지치기도 잘 못했다. 그러나 책 읽기, 공부하기는 잘 했던 것 같다. 나는 부모님과 선생님으로부터 '공부해라' 소리는 못 들어봤다. 요즈음 '공부해라' 소리를 듣는 아이들을 보면 너무나 행복에 겨워 보인다. 이걸 보면 아마 내가 교수가 될 소지가 어려서부터 있었던 모양이다. 꿈은 역시 자기 소질, 성격과 맞아야 한다. 서울교육대학을 나와 초등학교 교사를 하며 야간대학, 대학원(석사)을 거쳐 초등학교 교사직에서(휴직하고) 생사를 걸고 태평양을 건너 철학박사에 도전하였다. 나도 그동안 고생했지만 나와 이 세상에서 만나게 된 가족의 고생과 인내는 이루 다 표현할 길이 없다. 내 자랑을 하려는 것이 아니라, '꿈에는 반드시 그만한 노력이 따라야 한다.'는 것을 말하려 하는 것이다. 초등학교 교사에서 철학박사로, 대학교수로 뛰기까지의 과정은 여러분 상상에 맡긴다. 대학교수는 우선 젊은이들과 같이 학문과 진리를 탐구할 수 있다는 점이 좋다. 대학생은 이 나라의 지성이며, 이 나라를 움직일 지도자가 될 사람들이다. 이들로 하여금 올바른 사람이 되도록 한다는 데 보람을 느낀다. 새로운 지식과 학문을 창출해 낼 수 있다는 점도 좋다. 초 · 중 · 고등학교까지가 주로 문화와 지식의 전달에 비중을 둔다면, 대학에서는 여기에 지식의 창출이 더해진다. 대학의 사명은 '교수(가르치는 일)' '연구' '봉사'다. 나는 가르치기 위해 끝없이 책을 보고, 조사하고, 연구해야 한다. 또 지식을 창출하기 위해서도 꾸준히 연구해야 한다. 내가 교수가 되기 위해서 피나는 노력을 했던 이상으로 공부해야 한다. 때로는 박사 공부하러 온 나보다 훨씬 어른인 선배교수를 지도하기 위해 공부하고 연구하기도 해야 한다. 또한 대학교수인 나는 사회를 위해서 무엇인가 봉사해야 한다. 여러분 중에 혹시 공부가 지겨운 것이라고 생각하는 사람이 있을지 모른다. 그러나 그것은 공부가 '무엇'을 위한 수단이 되기 때문이다. 나는 공부 그 자체를 즐기고 있으며 재미있는 것이라고 생각한다. 남들이 술을 마시며, 때로는 오락과 스포츠로 즐길 때 교수인 나는 공부, 책 읽기, 학문이란 것을 즐기고 있다. 남들이 휴가를 즐기고 있을 때 나는 책 쓰기로 여름을 잊었다. 사회에는 거짓 행동을 하는 사람도, 쉽게 살려는 사람도 있으나, 나는 이 사회를 바로 잡을 싱싱한 젊은이를 키워 내고 있다. 여고생은 꿈을 가져야 한다. 아니, 가지라고 안 해도 벌써 가지고 있을 것이다. 다만, 그 꿈이 내 성격, 내 소질과 맞는가 다시 생각해 보고, 그 꿈에 걸맞은 노력이 뒤따라야 한다. 무엇이 되느냐도 중요하지만, 어떻게 보람을 느끼며 살아가느냐가 중요하다. 여러분은 교수라는 자리를 부러워할지 모르지만, 나는 여고생 여러분의 자리를 부러워한다. 여러분은 나보다 더 큰 꿈을 가질 수 있고, 여러분은 나보다 시간적으로 부자다. 시간적으로 부자인 사람은 금전적으로 부자인 사람보다 더 부자다. 그러니, 교수라는 자리를 부러워하지 말고 여러분에게 주어진 그 많은 시간을 잘 사용하기 바란다. 그러면 교수는 저절로 될지도 모른다.

(미림, 1983, 제3집, 미림여자고등학교)

나에겐 꿈이 있어요

지금부터 약 39년 전, 1970년 어느 날 인도네시아 자카르타 아시시 초등학교 3학년 교실 글짓기의 제목은 '나의 꿈'이었다. 배리 소에토로라는 아이는 '나의 꿈은 미국의 대통령'이라고 썼다. 인도네시아 학교 아이가 웬 미국 대통령이란 꿈인가? 당시 글짓기를 가르치셨던 이스라엘라(현재 65세) 선생님은 "내가 가르친 그 꼬마가 그 꿈대로 미국 대통령이 된다니 꿈만 같다."라고 흥분했다고 한다(조선일보, 2008. 11. 5). '나의 꿈은 미국의 대통령'이라고 글짓기를 썼던 배리 소에토로는 바로 이번에 미국 대통령이 된 버락 오바마의 인도네시아 이름이었다. 오바마 대통령 어머니가 미국으로 공부하러 케냐에서 유학 온 오바마 아버지와 이혼하고 다시 인도네시아에서 유학 온 사람과 재혼하여 버락 오바마가 인도네시아에서 6세에서 8세까지 살았던 것이다. 오바마 대통령의 어머니는 "더 많은 삶의 기회를 누릴 수 있는 미국인으로 키우기로 결심하고" 새벽 4시에 아들을 깨워 영어 공부를 시킨 다음 학교에 보냈다고 한다. 이 어머니의 뜻을 따라 준 어린 오바마는 남다른 데가 있었다. 인도네시아 친구들이 놀리느라고 양팔과 다리를 잡아 동네 입구 연못에 던져도 화내지 않고 웃으면서 헤엄쳐 나와 같이 놀 정도로 통이 크고 리더십이 있었다고 한다. 적을 친구로 만드는 리더십을 어려서부터 길렀던 것이다. 버락 오바마는 인도네시아 아이이자 하와이 아이, 흑인이자 백인 아이로 자라면서 문화의 다양성을 배웠다고 회고한다. 오바마가 미국의 명문 컬럼비아 대학교를 다닐 때는 하루 4.5km씩 달리고, 일요일에는 금식을 하고, 책을 많이 읽고, 도시 이곳저곳을 걸어 다니며 삶을 살폈다고 한다. 대학을 졸업하고 한때 컨설팅 회사에 취직하여 지위도 올라가고 돈도 벌고 호화롭고 편안하게 잘 살 수 있었지만 '관용과 평등을 지키고 혜택받지 못한 어려운 사람들 편에 서라.' 는 어머님의 어렸을 적 말씀대로 시카고 빈민 지역으로 들어가 활동하였다고 한다. 오바마에게 많은 고통과 장애물이 있었지만 이들 장애물은 꿈으로 가는 오바마의 길을 가로막지는 못했다. 이렇게 자신의 고통과 장애물을 성공의 자산으로 삼아 대통령에 이른 것이다. 고통과 장애물에 걸려 넘어지고 말았더라면 우리나라의 혼혈아들의 신세가 되고 말았을지도 모른다. 그런 어려운 처지의 아이들이 꿈을 펼칠 수 있는 미국의 환경이 부럽기도 하다. 우리나라도 어려운 환경의 아이들이 꿈을 펼칠 수 있도록 키워 줘야 한다.

오바마 대통령은 대통령이 됨으로써 3학년 때 자신의 꿈을 이루었을 뿐만 아니라 마틴 루터 킹 목사, 제시 잭슨 목사의 꿈, 차별받는 흑인과 소수민족의 꿈을 이루었을 뿐만 아니라 전 미국인의 꿈, 전 인류의 꿈을 이루었다.

오바마의 꿈은 대통령이 되는 것으로 끝날 것인가? 그렇지 않다. 왜 대통령이 되려고 하느냐가 더 중요하다. 대통령이 되어서 무엇을 하겠다는 것이냐의 대통령으로서의 꿈이 중요한 것이다. 오바마는 자신의 어릴 적 꿈을 실현하기 위하여 백악관에 들어온 것이다. 오바마는 '딸들에게 좋은 세상을 만들어 주고 싶어서' 정치에 들어왔다고 한다. 자기 두 딸만을 위한 것이 아니라 미국의 후세에게 좋은 세상을 만들어 주고 싶은 꿈을 말하는 것이다. 오바마 대통령은 우선 차별받지 않는 '평등' 사회를 실현하는 꿈을 꾸고 있을 것이다. 그는 지금까지 '하나의 미국' 을 외쳐 왔다. 흑인이나 혼혈만을 위한 대통령이 되려고 하지는 않을 것이다. '관용' 과 '포용' '통합' 의 꿈을 실현하고자 할 것이다. 전 세계에 대하여도 미국은 독선을 하고자 하지는 않을 것이다. 무엇이 되는 것이 꿈의 전부가 아니라 무엇이 된 다음에 거기서 무엇을 하느냐의 꿈이 더 중요한 것이다. 의사, 판사, 과학자, 문학가, 사업가, 교사, 교수가 되는 꿈이 중요한 것이 아니라 되고 나서 무엇을 왜 하려고 하느냐의 꿈이 더 중요한 것이다. 국민으로부터 존경을 받지 못하면 대통령이 되지 않은 것만도 못하다. 존경받지 못하는 대통령도 많다.

어린이 여러분, 꿈을 정하세요. 비록 바뀌더라도 말입니다. 그리고 그 꿈을 소중하게 여기고 그 꿈을 이루기 위해 온갖 노력을 다 퍼부어야 합니다. 꿈은 저절로 이루어지지 않습니다. 꿈은 갖는 것만으로는 충분치 않습니다. 꿈을 이루려면 험한 산도 넘고, '운명의 벽도 넘고' '강물도 건너야 하고' 바다도 항해해야 하고, 남이 안 가는 험한 길도 외롭게 혼자 가야 합니다. 그리고 꿈을 결코 포기하지 마십시오. 여러분의 좋은 꿈이 이루어지도록 신촌의 12회 졸업생 할아버지 선배인 저도 두 손 모아 빌게요.

그리고 선생님과 학부모님, 아이들에게 순수하고 소중한 꿈을 키워 주십시오. 그리고 아이들이 그 꿈을 실현할 수 있도록 기회를 만들어 주고, 지원하고, 격려하고, 북돋아 주십시오. 미국의 명문 카네기멜론대학교 컴퓨터학과 47세 랜디 파우시(포시라고 발음하는 것은 잘못임) 교수는 췌장암으로 죽어 가면서 「마지막 강의(The Last Lecture)」(www.thelastlecture.com)에서 자신의 어린 시절의 꿈을 달성하기 위해 어떻게 노력하여 실현했는가와 다른 사람의 꿈을 달성하도록 도와주기 위해 어떻게 노력했는가(여러분의 몫), 인생의 사는 방법에 대하여 사랑하는 세 아이와 아내에게 마지막으로 남기고 2008년 7월 25일에 저 세상으로 갔습니다. 여러분은 여러분의 아이에게 무엇을 마지막으로 가르치겠습니까? 인생은 마라톤이고 마라톤 최후의 승자는 윤리도덕일 것입니다. 여기에 아바의

'나에겐 꿈이 있어요' 와 인순이의 '거위의 꿈' 을 옮겨 놓습니다. 동영상으로 아이들에게 직접 들려줄 수도 있을 거예요. 여러분의 아이들의 연령 수준에 맞게 제 이야기의 뜻을 설명해 주세요. 아이들 꿈뿐만 아니라 여러분 자신의 꿈도 달성하시길 빌겠습니다.

(솔바람, 2009. 2. 충남 당진, 신촌초등학교)

처음처럼

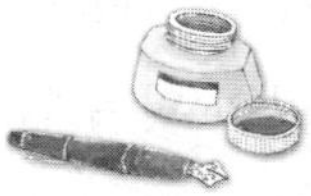

무엇이든지 처음 할 때는 떨리기 마련이다. 그러나 같은 일을 자꾸만 반복하다보면 떨림은 줄어들고 담력이 생긴다. 그런데 사실은 담력은 담력대로 좋고 떨림은 떨림대로 좋은 것이다. 담력은 자신감으로 연결되어 좋고, 떨림은 철저한 준비와 계획, 긴장감과 연결되어 발전의 동력이 되어 좋다.

내가 교수가 되고 얼마 안 되었을 때 우리 대학의 영문과 교수의 정년퇴임 고별강연에 참석한 적이 있었다. 그분의 마지막 고별강연 원고가 떨리고 있었다. 아마도 그분의 고별강연 원고는 첫 수업 때처럼 떨렸을 것이다. 고별강연을 마치고 연단에서 내려온 그분에게 심정이 어떠냐고 물어보았다.

"주 선생, 나 멋있는 수업 1시간만 더 해 봤으면 좋겠어."

이 말이 그분의 고별강연 심정이었다.

우리 교사는 항상 떨리는 마음으로 수업과 강의에 임해야 한다. 처음 수업이나 마지막 수업이나 떨리는 자세로 수업을 준비하고 임해야 한다. 나는 '처음처럼'을 좋아한다. 그리고 나는 '제자를 두려워하라.' 고 제자들에게 가르친다. 나는 제자의 평가와 자식의 평가가 두려운 것이다. 잘못을 저지른 사람들이 조사관 앞에서 옷을 뒤집어쓰고 얼굴을 가릴 때 누구를 제일 두려워할까? 교육자는 아마도 제자와 자식일거라고 생각한다. 제자를 두려워하는 마음으로 수업의 준비, 준비, 또 준비해야 한다. 그리고 연습, 연습, 또 연습이다.

나의 첫 수업은 서울교대 부속 초등학교에서의 교육실습 수업이었다. 그리고 정식 교사로서의 첫 수업은 1964년 3월 8일 서울 홍인초등학교에서의 보결수업이었다. 정식 담임 배정을 받기 전에 부임하자마자 교사가 부족해서 담임이 비어 있는 반을 맡아서 땜질 수업을 하라는 것이었다. 아무 준비도 없이 들어가 시간을 때워야 하는데 당황하지 않을 수 없었다. 그래서 엉겁결에 무슨 동화를 들려줘 애들을 조용히 시키는 데 주력했던 것 같다. 전문직이 이렇게 일을 시작해도 되는 것이냐며 첫 날에 회의를 느꼈었다.

교단 45년의 첫 실습수업 장면을 떠올리며, '처음처럼' 초심을 생각한다.

교육실습을 마치고

교단에 섰을 때

"선생님! 선생님! 나 하나만, 나 하나만 줘요. 아이, 선생님!"

아동들은 이렇게 소리소리 지르며 하나만 달라고 제가 서 있는 교탁으로 달려들었습니다. 선생님, 이것은 제가 교육실습으로 첫 교단에 섰을 때, 말하자면 평생 첫 수업의 한 장면이었습니다. 지금도 이 생각을 하면 혼자서 웃지 않을 수 없습니다. 좀 더 이 정경을 설명해 드릴까요? 3학년 1학기 사회과에 '제사 공장'이란 내용이 있지 않습니까? 제가 이 내용을 지도해야 하는데, 제사 공장 견학을 해야 하는 내용이었습니다. 처음에는 잠실에 있는 제사 공장을 견학시키려고 가서 교섭하다 안 되어 그런 대로 실내에서 견학에 가까운 수업을 전개해 보려고, 누에고치를 얻어 온 것을 쪼개어 번데기가 들은 것을 보여 주며, 제사 공장에서 살아 있는 번데기를 처리하는 방법을 지도하는데 아동들은 누에고치가 그렇게 가지고 싶었던지, 누에고치 하나만 달라고 소리 지르며 달려드는 것이 앞에 말씀 드린 장면이었습니다. 저는 어찌나 당황했던지, 한참 동안은 뒤에 물러섰어야 했습니다. 이렇게 되어 저는 제사 공장에 견학할 때 아동들이 지켜야 할 점과 제사 공장에서 일하는 사람들의 짜임과 운영 면, 또 직공들에게 우리는 감사해야 한다고 조금씩 간단히 설명해 준다는 것을 잊어먹은 채 수업을 마쳤습니다. 수업 평가회 때에 한 시간의 수업 중에 아동이 그렇게 떠들 수 있고 흥미 있어 하는 수업의 절정이 있는 것은 퍽 좋다는 것이었습니다. 그러나 지도자인 제가 아동이 몰려들 것을 예견하지 못하고 적절한 대책도, 뒷수습안(案)도 없었다는 점이 경험의 부족에 의한 과오라고 하였습니다. 그래서 아동에게 무엇을 시킬 때는 언제나 앞에 어떤 일이 일어날 것이라 예견하고 행동에 조건을 붙여야 한다는 것입니다. 누에고치를 보여 줄 때도 "이것을 보여 줄 테니 제 자리에서 조용히 봐요."라고 조건을 붙여 줘야 한다는 것이었습니다. 교사의 일거동 일언이 이렇게 중요한 것인 줄은 미처 몰랐습니다. 잘했건 못 했건 이 첫 수업과 교육실습은 영원히 잊지 못할 것이기에 선생님께 펜을 들었습니다.

선생님! 제가 교단에 서는 순간 저는 저를 지도하여 주신 많은 선생님의 상을 그려 보았습니다. 갖가지 형을 가지신 선생님들……. 나는 어떤 형의 교사가 될 것인가? 저는 교단에 서 있을 때도 선생이 아니라 아이였습니다. 과거는 그리운 것, 되씹으면 되씹을수록 그리운 것……. 선생님! 저는 어린 시절로 돌아가 선생님의 지도를 다시 받아 충실한 교사가 되어 교단에 서고 싶습니다.

선생님, 저는 '선생님'이 되는 것이 뭐 그리 어려운 일이냐고 생각했습니다. 그래서 "자격증만 주시오. 그러면 얼마든지 잘 가르칠 수 있겠소." 하는 식의 태도로 학교생활을 해왔습니다. 말하자면 교직의 전문성을 경시했던가 봅니다. 선생님! 이런 생각을 가졌던 저를 용서하여 주십시오. 교육실습을 하기 시작한 후부터는 이런 생각은 깨끗이 사라지고 어린이들 앞에 서는 것이 무척 두려워졌습니다마는 힘껏해 보겠다고 다짐만은 굳게 하고 있습니다.

경험과 이론

제가 언젠가 농촌에서 온상을 해 보겠다고 조그맣게 시작해 본 적이 있습니다. 농업고등학교에서 배운 대로 재료를 써서 책에 있는 그대로 실천해 보았는데도 온상에서 열이 안 오르고 종자에는 싹이 트지 않아서 실패한 적이 있었습니다. 왜 학교에서 배운 그대로 책에 있는 이론 그대로를 실천했는데 결과는 실패였겠습니까? 저는 이때 경험의 필요성을 절감했지만 이번 실습을 통해 다시 한 번 뼈아프게 느꼈습니다.

그래서 저는 대학과 책에서 얻은 이론을 현직에 나가서 경험으로 수정하여 더욱 튼튼히 하고, 이미 얻은 이론 속에서 더 좋은 이론을 얻기에 노력해야겠다고 느꼈습니다. 선생님! 혹시 이 생각에 틀림은 없습니까?

새 교육

선생님! 저는 실습 중에 선생님들이 열심히 교재를 연구하고 수업을 준비하는 것을 보았습니다. 그러나 그 수업 방법에는 여전히 똑같은 전통적인 수업 방법인 것으로 보았습니다. 선생님! 저는 구교육과 새 교육의 분기점에 서서 어떻게 처신해야 합니까? 대학에서 배울 때는 철두철미 새 교육으로 지향해야겠다고 결심했습니다. 그러나 몇 십 년 전에 사범 교육을 받은 사람이나, 작년에 사범 교육을 받고 졸업한 사람이나, 금년에 졸업한 사람이나 그 수업 방법과 생활 태도에 다름이 없는 것을 보고, 저는 명년에는 저기에 흡수되어 저와 똑같이 될 것이 아닌가 생각하고는 저의 새 교육 지향의 용기가 줄어졌습니다. 제가 이상해서 왜 그런 수업 방법을 쓰고 그런 생활 태도를 가지느냐고 가깝게 사귄 분들에게 여쭈어 보면, 당신도 졸업만 해 보라는 것입니다. 말하자면 현실과 이상이 너무나 동떨어지기에 할 수 없다는 것입니다. 저는 그런가 보다 긍정해 주는 수밖에 없었습니다. 선생님! 그게 사실입니까? 그게 사실이라도 졸업도 하기 전부터 저마저 지금 현재 하고 있는 재래식 수업 방법 그대로를 쓰겠다고는 말하지 않겠습니다.

현실이 너무나 이상과 거리가 멀지라도, 너무나 복잡할지라도, 그런대로 현실과 절충 또는 극복하면서라도 저는 새 교육을 택하겠습니다. 아동은 새것을 좋아합니다. 과거에 하지 않던 싱싱한 것을 원합니다. 과거의 방법에 아동은 싫증을 내고 있습니다. 과거에 없었던 방법과 내용을 지드했을 때, 그들은 얼마나 즐거워하는지 모릅니다. 물론 보이지 않는 차이로, 보이지 않는 사이에 신 · 구 교육은 교체되고 있는 것으로 알고 있습니다.

실력과 열성

선생님! 선생님께서는 초등학교 교사로서 실력과 열성 중 어느 편을 더 중시하시렵니까? 물론 둘다 중요한 것은 말할 필요도 없습니다만……. 저는 실습 중 열성을 기울이는 교사도 보았고, 무성의한 교사도 보았습니다. 이 둘 사이에서 표현할 수 없이 많이 느낀 점이 있습니다. 중 · 고등 · 대학이 아닌 초등학교에서는 열성 어린 교사이면 만사를 해결할 수 있다고 믿게 되었습니다. 실력은 있어도 학교의 실정을 비난이나 하고 불만이나 표시하고, 직업적으로 어린이를 대하고, 자기 생활에만 급급한 교사보다는 실력은 그만 못하더라도 해 보겠다는 열성에 충만한 교사가 초등학교에서는 절실히 요청된다고 보았습니다. 선생님! 저는 극단적인 말을 한 것은 아니겠지요?

교직

선생님! 죄송합니다만, '선생님'이란 생활이 얼마나 가치 있고 뜻있는 생활인가를 이제야 비로소 깨달았습니다.

제가 다른 계통으로 진학하려다 교육대학에 입학하게 된 것을 얼마나 다행으로 생각하는지 모르겠습니다. 농작물이나 가축을 키우는 것보다는 감정의 소유자인 인간 '어린이'를 키우는 것이, 기계를 제작하고 수리하는 것보다는 참다운 인간을 키우기에 시간과 정력을 소비한다는 것이 얼마나 가치 있는 일인지 이번에 알았습니다.

어느 복잡한 거리를 헤치며 지날 때 '선생님'이라고 달려드는 그 어린이가 미덥기에 과거에 가졌던 그 모든 화려한 꿈을 교직과 바꾼 것을 후회 없는 일이라고 굳게 믿고 있습니다.

웃는 얼굴 부드러운 목소리로

선생님! 이 '웃는 얼굴 부드러운 목소리로'라는 말을 신조로 삼으라고 지도하여 주시고 실습 중에 이를 다시 깨닫게 되어 참으로 기쁩니다. 입으로는 민주주의를 부르짖고 실지로는 매로 다스리는 교사가 참 민주인이고 민주인을 배출할 수 있는지 의문입니다. 때로는 화가 나고 속상한 일이 있을 줄 압니다. 이때 만일 이 신조를 어길까 싶으면 선생님을 생각하고 이렇게 글을 쓰는 지금의 심정을 생각하고 참겠습니다. 만일 이를 어길 때는 교육자로서의 파멸이 되지 않기 위해서.

서울 교육대학 학생

(새 교육, 1964, 2월호, 16권 2호, 통권 112호,

서울교대 2학년 시절)

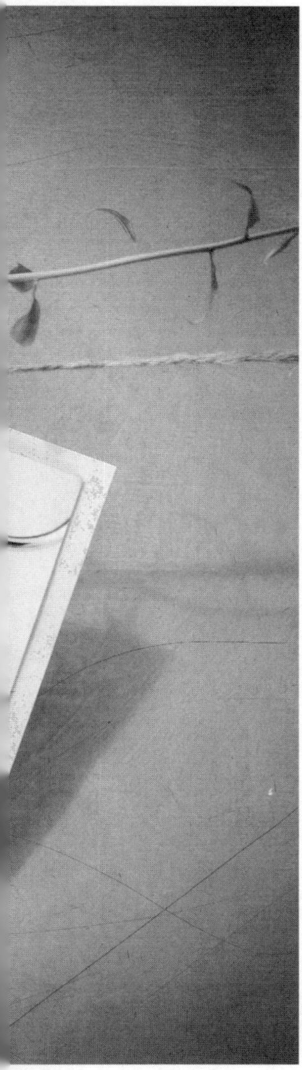

제4부

바보 교육론

- 바보 교육론
- 잡초 교육론
- 교육현장의 충격
- 초임교사의 입직지도
- 숙제는 숙제
- 졸업식 유감

바보 교육론

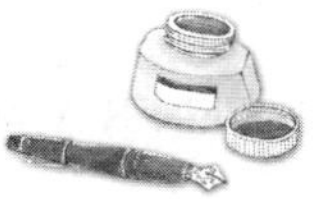

돌아가신 김수환 추기경께서 자화상을 그리시고 '바보야'라고 쓰시고, 평소에도 자신을 바보라고 하셨다고 한다. "내가 잘 났으면 뭘 그렇게 크게 잘 났겠어요. 다 같은 인간인데. 안다고 나대고 어디 가서 대접받길 바라는 게 바보지. 그러니 내가 제일 바보스럽게 살았는지도 몰라요." 김수환 추기경의 잠언집 『바보가 바보들에게』는 '거룩한 바보 김수환 추기경'이 '잘난 척하며 대접받기를 바라는 우리 바보들'에게 전하는 사랑과 나눔, 지혜와 깨달음, 삶과 신앙, 신뢰와 화합에 이르는 길에 대한 메시지와 성찰로 채워져 있다.

그리고 반기문 유엔사무총장은 『바보처럼 공부하고 천재처럼 꿈꿔라(세계의 청소년에게 전하는 꿈과 희망의 메시지)』라고 하였다. 돌아가신 노무현 전 대통령도 실패하면서도 우직스럽게 부산시장과 부산 국회의원에 도전하여 '바보 노무현'이라는 말을 들었다고 한다.

또 강풀의 만화 『바보』와 김정권 감독의 영화 〈바보〉에서 승룡이는 오늘도 웃는다. 승룡이는 부모를 잃고 혼자 토스트 가게를 하며 동생 지인의 학교 공부 뒷바라지를 보람으로 생각하며 살아간다. 그러던 어느 날, 첫사랑 지호가 10년 만에 유학에서 귀국한 날, 오랜 세월이 지났건만 승룡이는 지호를 첫눈에 알아보고 반가워한다. 처음엔 기억을 못하던 지호도 살며시 살아나는 추억과 함께 자신의 곁을 맴도는 승룡이의 따뜻함에 점점 다가가게 된다. 늘 바라보기만 해도 좋은 동생 지인과 10년을 기다린 첫사랑 지호를 매일 보게 된 승룡이는 생애 최고의 행복한 나날을 보낸다. 그러나 커다란 행복도 잠시, 하나밖에 없는 동생 지인이 아프다는 것을 알게 된다. 별처럼 반짝이는 바보 승룡이의 아름다운 순정 이야기로 만화와 영화는 꾸며진다.

나도 교직에 첫발을 내디딘 1965년에 『교육평론』 5월호에서 우리 사회에 바보가 필요하여 바보 교육을 하자고 바보 교육론을 외친 적이 있다. 그런데 이 생각은 45년이 지난 이 시점에도 변함이 없다. 세상 사람은 모두 너무나 약아빠지고 겉 넘고 있다. 나 같은 사람과 나한테서 배운 바보 같은 제자들은 도저히 이 거친 세상을 살아가기 어려울 것만 같다. 그래도 우리 사회에는 김수환 추기경 같은 큰 어른 바보가 필요하다. 우리 국민은 대통령을 지낸 사람보다도 바보를 더 존경한다. 대통령과 바보를 비교하는 내가 오히려 죄송하다.

교직 첫해에 썼던 나의 '바보 교육론'을 여기에 옮겨 본다.

바보를 양성하자

아연(아동연구회원을 염두에 두고 지은 이름)에게

첫 교단에서 얼마나 고달팠나? 오늘 숙직이어서 (이 당시에는 남자 교사들이 학교에서 밤에 교대로 잠을 자면서 지켰다.) 한가한 틈을 얻어 펜을 들었네. 오늘과 내일의 분기점이 되는 이 시각, 주위는 하루의 과로에 지쳐 곤히 잠든 양 고요한데, 형광등만이 지치지 않은 듯 초롱초롱히 비추고 있는 사색에 잠기는 숙직실일세. 좁은 운동장에서 많은 어린이가 먼지를 내며 들끓던 낮과는 아주 대조적인 '이렇게 조용할 수가 있나?' 고 할 만큼 고요한 이 밤, 지난 넉 달 동안 교육이라고 해 온 최초의 교단 경험을 되돌아보는 밤이 되기에 적당한 밤일세. 아연! 교육에 뜻을 세운 우리가 역경 속에서도 교직과 생을 같이하자고 굳게굳게 맹세하던 날로 돌아가 현실을 좀 떠난 이상의 날개를 펴보세. 아연! 첫 교단에 실망은 하지 않았나? 단추 하나 제대로 달고 오지 못하고 신 한 켤레 성한 것 신고 오지 못하고, 연필, 공책 하나 똑똑한 것 가지고 다니지 못하는 어린이들에게 교육을 한다고 떠든다는 것이 무리라고 생각한 적은 없는가? 끼니를 걸러 창백한 얼굴에 핏기 없는 눈동자를 굴리며 그래도 배우겠다고 칠판에 주목한 어린이가 대견하다고 느껴 본 적은 없는가? 사랑의 교육을 한다고 단단히 각오는 했지만 80~90명의 각각 다른 개성을 가진 어린이를 대하다보니 큰 소리를 지르고 괜히 화를 내게 된 적은 없는가? 교육관이 투철한 아연이기에 나는 굳게 믿네만, 흔들리지 않는 초지(初志)이기를 다시 한 번 이 자리에서 다짐하세.

아연! 아연은 어떤 인간상을 그리나? 이것도 전에 우리 사이에 논의되었었지. 과학인, 민주인, 생활인, 근면성실한 사람, 책임 의무를 다하는 사람,

자주성이 강한 사람, 경제에 투철한 사람……. 수 많은 교육의 이상이 되는 인간상들이 있지, 허나 나는 그보다 먼저 바보를 양성해야겠다고 생각했네. 우주를 나르는 과학시대에 지능이 발달한 사람만이 살 수 있고, 꽤 약은 사람도 사기를 당하고 속는 이 칼날 같은 시대에 어쩌자고 바보를 양성한다니, 이는 시대의 역행이며 당치도 않는 소리라고 할지 모르나 나는 이 바보 양성이 교육에서는 모든 것에 앞서는 것이라고 굳게 믿게 되었네. 주황 불이 켜져 지나가는 차가 적어졌네. 그때 서너 명의 어린이들이 우산도 안 받고 달려왔네. 그중 한 어린이가 "차 안 온다. 빨리 건너가자." 하니까 "아니야 아직도 빨간 불 서시오야." "이 '바보'야 괜찮아. 교통 경찰관도 없고 차도 안 오잖아? 이 비를 맞고 있을래? 어른들도 다 건너가지 않아?" 하면서 팔을 잡아끌고 있다. 나는 여기서 '바보'를 발견했네. 한국의 바보, 틀림없이 다른 사람은 다 지나가는데 시간을 허비하며 비를 맞고 신호를 기다리는 그 어린이도, 나도 우리 사회에서의 바보일세. 규칙과 예의를 지킨다는 사람은 모두 그 부류일걸세. 운동장에 떨어진 종이를 줍는 어린이는 이상하고 바보로 인정받는다네. 나오는 침을 손수건이나 종이에 뱉어 주머니에 넣는 사람은 더 바보지. 차례를 기다리고 줄에 서 있는 사람은 차차 바보라는 인식에서 탈피하는 것 같네. 그러나 아직도 주운 물건을 주인 찾아 주는 사람은 바보인가 보네. 그 외에도 많네. 물건을 살 때 에누리 않고 사는 사람은 값을 곱이나 주고 사는 바보 중의 바보다. 내야 할 돈을 기한 전에 내는 사람은 이자라는 자본의 축적을 모르는 바보이고, 시간 걸리고 골치 아픈 숙제를 하느라고 쩔쩔매고 분주하게 자료 수집하는 학생은 남에게 부탁하여 간단히 해치우는 학생에 비해 바보이고, 그리기 힘든 그림을 그리느라고 땀 빼는 어린이는 살짝 복사하는 어린이보다 시간과 노력 정력을 버리는 바보이며, 선생님이 안 계실 때 청소를 하고 조용히 하고 착한 일하는 어린이도 또한 어린이 사회에서의 큰 바보임에 틀림없네.

아연! 이러다 보니 바보타령만 하고 있는 것 같군. 바보수집벽에라도 걸렸나보네. 내가 왜 바보를 먼저 길러야겠다고 하는지 아연은 이제 잘 알걸세. 바보가 우리 사회엔 꼭 필요해. 우리 사회는 바보 결핍증에 걸렸을지도 모른다네. 너무나 겉약은 사람뿐이야. 나는 이런 바보가 적기 때문에 아직 후진국의 불명예를 벗어나지 못했다고 보네. 학문도 그렇지. 참 연구를 하여 가치 있는 논문을 발표하기에는 많은 시간, 노력, 경비가 들고 능력이 부족하니 남의 작품을 살짝 도용하는 예가 있으니 이것도 약은 사람이 하는 짓일세. 이래서 우리의 학문은 진척이 없고 겉 바퀴를 돌고 있는 것은 아닐까? 우리 다 같이 바보가 돼야 질서가 있고 공익이 유지되며 건전한 우리 사회가 되겠다고 생각하여 예찬 아닌 바보 예찬을 사고 있는 것 같네. 아연도 이런 생각을 했을 거야. 아연! 우리 같이 바보를 기르세. 바보를 기르기 위해서는 우리가 먼저 바보가 되야겠네. 바보가 바보를 지도하고 기르기는 좀 수월하겠지. 허나 사회라는 환경이 온통 약은 사람으로 되어 있어 바보될 사람을 유혹하니 이것이 문제일세. 그런 속에서 우리는 하나, 둘 바보를 길러야겠네. 아연, 언젠가 들은 이야기야. 날보고 어떤 사람이 "자넨 철이 있는 사람 같기도 하고 철없는 사람 같기도 하니 도대체 어찌 된 사람인가?" 그 말을 받아서 다른 한 사람이 "아직 사회 경험이 없어서 그렇지……." 또 어떤 사람은 "도대체 자네의 인생관이란 건 무엇인가?" 물음 반 놀림 반인 것 같았네. 그렇지 놀림거리 반 바보 반으로 형성된 인간이 바로 나라는 존재인 것 같네. 내가 한 짓이 바보 짓이라고 자인할 때가 많으니 말일세. 그러나 바보는 바보로서의 자위가 있어야 살아가겠네. 내가 손해를 봤을 뿐이지 남이나 사회에 아무런 해악을 끼치지 않은 바보짓이었다는 것과 바보라는 벌 받지 않는 죄 밖에 없다는 극히 소극적인 자위일세. 원리 원칙을 찾다가는 바보가 되는가 보네. 요령이 있어야 우러러 보이는 존재가 되고……. 회의 시작 정각에 회장의 맨 앞자리에 혼자 앉아 있는 바보, 뒷자리는 권위석이고 앞자리는 바보석이란걸 모르는 바보는 점점 늘어가는 것 같네. 아연! 우리가 먼저 바보 생활을 하세. 그리고 바보를 양성하세. 먼 앞날을 내다보며……. 그런데 또 하나의 문제가 있어. 내가 키운 바보가 어떻게 소용돌이치는 격류, 풍파, 시달림의 우리 사회에 적응하여 생을 유지하고 살아가느냐 하는 문제일세. 강자는 더욱 강해지고 약자는 더욱 약해져 마침내는 강자에게 먹히고 마는 자연 현상에서 바보는 패배하기 마련이니 말일세. 내가 기른 어린이가 바보이기에 약은 자에게 먹히는 바보 교육을 하겠다니 이것이 내 교육의 모순이며, 문제일세. 적자생존의 법칙을 알면서도 패배자인 바보를 목표로 교육해야겠다는 사람의 울고 싶은 심정 짐작해 주게. '학교의 우등생이 사회의 열등생'이란 말이 이런 모순에서 나온 거겠지? 학교에서 나온 반 바보인 순진하고 선량한 사람을 우리 사회에서는 받아들이지 않기 때문에 나온 말일거야. 그래서 학교의 우등생들이 대학쯤 와서는 과거 자기가 받은 학교 교육에 회의를 느끼고 탈선하는 사람이 있지 않은가 하는 느낌이 드네. '학교는 사회의 축도'라고 해서 사회라는 현실을 그대로 학교 사회에 축도해서는 우리의 교육은 엉망이 되고 장래가 암담해질 걸세. 그러니 우리가 기른 바보가 참 바보가 되고 수가 늘어 확고한 바보군을 이루어 건전한 우리 사회가 건설된다면 지금의 바보가 바보로 인정받지 않고 순진하고 정직하고 선량한 국민으로 인정받을 날이 오겠지 하고 또 한번 바보로서의 자위를 하며 제2세를 길러 보세.

아연! 내 의견을 받아들여 주겠나? 수정의 글을 주게. 제2세의 세계를 상상해 보며 불을 끄려네. 아연(兒硏)! 내일을 위한 이 밤도 안녕!

(교육평론, 1964, 5월호, 통권 79호,

서울흥인초등학교 초임교사 4개월 시절)

선생님이 좋아하는 어린이

석이와 민수는 한시도 떨어져 살 수 없는 아주 친한 친구 간입니다. 그런데 민수는 석이를 '바보' 라고 놀려 대면서도 좋아하고 있는 것입니다.

석이가 어떤 때 침이 나오거나 코가 나와서 깨끗한 손수건에 뱉고 닦아 주머니에 넣습니다.

"이 바보야 아무데나 뱉고 풀어서 발로 쓰윽쓰윽 문지르면 되지 않아."

"선생님이 길거리나 운동장에 버리면 안 된다고 하셨잖아?"

"이 바보야, 선생님이 어디 계시니? 안 보이잖아"

석이가 운동장에 떨어진 종이를 주어도 '바보' 라고 놀립니다.

언젠가는 돈 30원을 주어서 주인 찾아 주라고 선생님께 드렸습니다.

민수는 빵 사 먹고 만화 보자고 졸랐습니다.

이때도 바보라고 싸웠습니다.

이렇게 석이가 바보짓을 할 때마다 '바보' 라고 놀려대고 싸웠습니다. 그러면서도 석이를 제일 좋아하고 한시도 떨어져서는 못살겠다는 이유는 무엇일까요?

어느 날 둘이가 싸우다가 '바보' '바보' 하니까 석이도 화가 났는지 "민수 너도 바보야!"

"왜?"

"바보하고 노는 사람이 바로 바보지 뭐야?" 민수는 말이 막혔습니다.

정말 그런 것 같기도 했습니다.

민수는 자기도 바보하고 친한 바보라는 걸 생각하면 석이하고 놀고 싶지 않았지만 어쩐지 석이가 제일 좋아서 그다음 날은 그동안 바보라고 놀린 걸 사과하기로 하였습니다.

여러분! 왜 민수는 바보 석이를 자꾸만 좋아하고 있을까요?

민수는 석이의 바로 그 바보 같은 착한 마음에 마음이 끌린 것입니다.

선생님도 석이 같은 바보 어린이를 좋아합니다.

선생님이 잠시 안 계시더라도 자기가 맡은 청소를 묵묵히 하고 착한 일하는 어린이. 남의 숙제를 베끼거나 남보고 해 달라고 않고 꼬박꼬박 해 오는 어린이. 글짓기, 그림 그리기가 어려우면 남이 힘들여 지은 것을 살짝 베껴 오거나 책에 있는 그림을 박아 오는 어린이보다는 좀 서툴더라도 자기 힘으로 하는 어린이.

어린 석이 같은 바보 어린이를 선생님은 바라고 좋아합니다.

어린이 여러분!

민수가 좋아하고 선생님이 좋아하는 석이 같은 바보 어린이가 되겠죠?

(1967. 12. 22., 은로 어린이,

군 제대 후 두 번째 학교 서울은로초등학교 교사 시절)

잡초 교육론

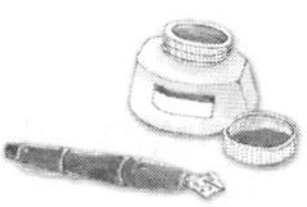

돌아가신 부모님은 평생을 농촌에서 잡초와 싸우다가 돌아가셨다. 밭을 매고 돌아서면 잡초가 또 나오고 또 나온다고 하셨다. 특히 비가 한 번 오고 나면 잡초는 곡식 밭을 뒤덮어 버린다. 잡초가 곡식이라면 좋겠다고도 하셨다. 잡초를 맬 때 보면 어머님의 손은 잡초로 파랗게 물들기도 하고 상처를 입기도 하셨다. 집안에 무슨 일이 있어 잡초 매기에 조금만 시기를 놓치면 가꾸는 곡식은 온데간데없이 사라지고 잡초가 밭을 온통 뒤덮어 버린다. 부모님은 어려서부터 밭에 나가 일하기 시작하여 돌아가시기 얼마 전까지 논밭에서 잡초와 싸우셨다.

그런데도 나는 잡초의 근성을 좋아한다. 우리나라 산야를 뒤덮고 있는 잡초와 야생화는 우리 민족과 함께 살아가는 우리 땅의 공동 소유자다. 우리의 잡초와 야생화가 줄어들고 사라지자 최근에는 일부러 잡초원을 만들고 야생화를 재배하는 이들이 늘어나고 있다. 인공재배를 하기 시작하면 잡초는 잡초의 근성을 잃어버리고 곡식과 같은 연약한 식물로 변해 버릴까 봐 걱정이다.

나는 교육에서 학생을 야생으로 키우고 싶다. 자녀를 과보호하고자 하는 학부모를 싫어한다. 지나치게 길들이는 것을 싫어한다. 제자를 사나운 사자새끼로 키우고 싶다고도 하였다. 제멋대로의 망나니로 키우고 싶은 것이 아니라 독립적으로 살아갈 수 있는 잡초와 야생동물로 자라기를 바라는 것이다. 잡초와 야생의 세계에도 일종의 자연의 질서와 법칙이 있는 것이다. 제자들이 실력만 갖춰 놓으면 사막에 갖다 놔도 살아간다. 제자뿐만 아니라 내 자식들도 그렇게 키우고 싶었다. 되도록 간섭하지 않고 도와주는 일까지 최소한으로 하려고 했다. 사납게 키워 놓고 참고 기다리는 것이 교사와 교수, 아버지인 나의 역할이었다. 이게 나, 바보의 '잡초 교육론' 인 셈이다.

잡초 가꾸는 마음으로 학생 교육을 하던 교사 시절의 글이 여기 남아 있다.

잡초(雜草) 가꾸기

우리 학교에는 일반 화단과 실습지 외에 '새마을 동산' '통일동산' '수목원' '열대원' '약초원' '산채원' 그리고 '잡초원'이 있다. 또 동서남의 삼면이 산으로 둘러싸여 있다. '새마을 동산'은 교문 바로 오른쪽 앞에 있는데 교장선생님과 어린이, 교사들이 새마을 정신에 의하여 흙을 나르고 돌을 쌓고, 시멘트를 발라 만들어서 붙여진 이름이라고 한다. '근면, 자조, 협동'의 새마을 정신을 의미하는 3개의 조그만 층계동산에는 교화, 무궁화, 교목이 중심이 되고 그 둘레에 각종 희귀나무와 꽃이 하나씩 선택되어 심겨져 있다. '통일동산'은 교문에 들어오는 진입로에 있는 동산으로 어린이들이 통일의 꿈을 키우듯이 나무를 키운다는 뜻에서 정해진 이름이다. '수목원'은 나무의 왕자들만을 뽑아 우리나라 지도 모양의 땅에 심어 가꾸고 있다. '산채원'에는 두릅나물, 더덕나물, 기름나물, 밀나물 등이 전국 명산에서 뽑혀 와 자리 잡고 있다. '약초원'에는 각종 한방약재가 되는 감초, 황기, 도라지, 지모 등이 모여 살며, '열대원'에는 열대식물들이 남국을 그리워하며 이국땅 이곳까지 시집와서 살고 있다. 그리고 주위의 산에는 주로 아까시나무와 오리나무가 서 있는데, 특히 5월의 아까시나무의 향기는 우리 난곡초등학교의 명물이다.

어쨌든 우리가 이렇게 꽃과 나무 속에서 생활할 수 있게 된 것은 모두 교장 할아버지의 은덕인 것이다. 이 분은 꽃 모종기가 되면 새벽 5시에 오셔서 컴컴한 곳에서 혼자 일하기 시작하여 저녁 늦게까지 꽃과 나무를 돌보신다. 교장선생님은 말 못하는 꽃과 나무와 대화를 하는 경지에 이른 것이다. 이렇게 각각의 동산을 만들어 주어 살게 되는 꽃과 나무들도 그 은덕에 못 이겨 항상 우리 교장님께 고개 숙이고, 꽃피라고 하면 꽃피고, 병들은 놈도 살아나라고 하면 꼼짝 없이 살아나는 것이다.

그런데 나는 이들 각종 동산에 있는 나무와 꽃에 관심이 쏠리는 게 아니라 '잡초원'이란 꽃밭 아닌 풀밭에 더 관심을 갖게 되는 것이다. 다른 꽃이나 나무들도 우리 교장선생님의 특별한 정성으로 각각 자기 동산 하나씩을 차지하고 살고 있지만 이 잡초라는 놈들은 정말 교장선생님의 은덕이 아니었더라면 감히 '원(園)'자 하나를 차지하고 땅도 좁은 서울 학교의 운동장가에 모여 살 수가 있었겠는가? 농부들, 원예가들이 제일 싫어하고 귀찮아하는 것이 잡초인데 웬만한 빈객이 아니고는 잡초원에 가꾸어질 수 없었을 것이다. 필자의 어머니께서 제일 지긋지긋하게 싸우시던 바랭이풀이란 놈도 명패 하나를 차지하고 떡 버티고 앉아 있으니 일종의 적개심 같은 것이 생긴다.

우리 교장선생님은 도대체 왜 이런 잡초들을 귀빈으로 대접해 주는 것일까? 그 분도 농업학교를 나오시고 시골에서 농사도 많이 지으셨으니 거의 평생을 잡초와 싸우시며 살아오셨을 텐데……. 예수님 말씀대로 원수를 사랑하고 계신건가? 아니면 서울에 오셔서 옛날 잡초와 싸우시던 생활이 그리워서인가? 아니면 잡초라는 인간의 적이 이런 놈들이니 잘 보아 두었다가 만나는 대로 식별하여 제거하라는 뜻으로 전시해 놓으신 건가? 원래 말씀 없이 혼자서 소처럼 묵묵히 일만 하고 계신 선생님의 깊은 뜻은 알 길이 없다.

왜 잡초들을 이처럼 융숭히 대접해 주는가에 대하여 궁금증을 가지며 오늘 아침 잡초원을 매어 주다 잡초에 대하여 몇 가지 생각하게 되었다. 인간이 필요해서 귀여워하는 식물은 모두 약해서 쉽게 병들고, 앓고, 잘 죽는데 해로워서 인간이 싫어하는 야생식물이나 야생동물이 악착 같아서 번식력도 강하고 억세기가 이루 말할 수 없다는 점이다. 그중에서도 '억새'란 잡초는 이름부터가 그렇다. 그런데 이 억센 잡초의 특성도 우리 교장선생님처럼 학교에 입학시켜 수십 년 수백 년 가꾸고 교육시킨다면 다른 곡식이나 채소처럼 퇴화되어 약해질 것이 아닌가?

또 하나 재미있는 것은 잡초의 이름이다. 산나리, 구슬봉이, 뚱딴지, 고들배기, 층층이, 타래붓꽃, 개수염, 쑥, 담장이, 미나리아재비, 양지꽃, 갈위덩굴, 으아리, 지칭개……. 모두가 재미있는 이름들이다. 한자나 외래어로 된 것들은 볼 수 없다. 대개 순수한 우리말로 되어 있다. '국어 사랑, 나라 사랑'은 자기들이 선구자라고 우쭐대도 우리는 할 말이 없다. 과자나 아이스크림 하나를 만들어도 외래어를 쓰는 장사꾼들을 잡초들이 비웃고 있는 것이다. 그런데 가끔 가다 명패를 붙여 주기 곤란한 놈들도 있다. '며느리 밑씻개' '도둑놈의 지팡이' 등 아무렇게나 붙여진 이름들이다. 이놈들 가로되 천하게 이름을 지어야 장수한다는 옛말대로 하여 튼튼하게 산다는 것이다. 사람 이름에도 '바위' '돌쇠' '무쇠' '개똥이' 등이 있지 않느냐고 말한다. '산나리' '산옥잠' '고사리' '달맞이' '둥글래' '은방울꽃' 등은 서울대학교에서 해마다 열고 있는 고운 이름 짓기에 출전만 한다면 표창받을 만한 놈들이다.

잡초의 근성은 아무리 귀빈 대접을 해 줘도 '개 버릇 남 주지 못한다.' 고 하더니 고칠 수 없는가 보다. 우리 교장 할아버지께서 너그러우신 마음으로 수도 서울 좁은 땅에 살 자리를 마련해 주고 더구나 전 세계의 극심한 식량난 속에서도 거름까지 주고 또 예쁜 이름표까지 붙여 주었으면 정해 준 자리에서 사이좋게 살 것이지 자꾸만 서로 땅을 더 차지하려고 무질서

하게 싸우고 있으니 한심한 노릇이다. 이놈들은 나란히 줄을 세워 줘도 금방 제멋대로 여기저기서 불쑥불쑥 나오고 모두 자기 땅을 만들겠다고 억지를 부린다. 이것들은 대우를 해 주니 점점 멋대로다. 말로 타이를 수 없는 망나니들이 이들 잡초들이다. 엄격한 법칙이 있어도 꿈쩍 않는 것이 이들의 세계다.

하느님은 왜 질서정연한 자연계에 이들 무질서한 잡초들을 만들어 놓으셨을까? 인간 세계에도 이런 잡초 특성을 가진 사람들이 있는 것 같다. 이름하여 인간 잡초라 부른다. 인간 쓰레기는 버리기나 하지만 인간 잡초는 버려도 또 살아나고, 곡식이나 채소, 꽃들보다 더 잘 사는 인간 잡초. 3주의 모(벼) 속에 1주의 피(잡초)가 섞여 심겨지면 가을에는 온통 피의 포기가 되어 버리고 벼는 보이지 않는 무서운 놈들이 잡초다. 뽑아도 뽑아도 자꾸 생기는 이들 잡초, 인간 잡초를 어떻게 없앨 것인가? 순수한 교육적 사명감으로 봉사 희생하는 수 많은 교육자 사이사이에 끼어드는 교사 잡초.

이들을 뽑아 버리기보다는 오히려 우리 학교에서처럼 가꾸면 어떨까? 자꾸 가꾸면 순하게 길들 것이고, 또 교육적으로 이용도 할 수 있고, 잡초에다 다른 농작물을 접붙이듯이 역이용하면 얼마든지 과실을 거둘 수 있을 것이다. 잡초의 강한 특성만 잘 이용하면 우리에게 주는 혜택은 많을 것이다.

잡초밭을 매다 생각이 너무 비약된 것 같다. 식물의 잡초나 인간 잡초, 교사 잡초도 잘만 가꾸고 보살펴 준다면 오히려 인류에게 공헌하는 많은 인물을 만들 수 있을 것 같다. 그러므로 우리 모두 잡초를 가꾸자.

(수도교육, 제31호, 1977. 12.,
서울난곡초등학교 교사 시절)

교육현장의 충격

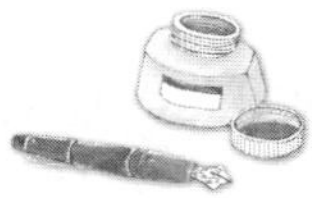

전에 읽은 책에서 보면 미국에서는 교직 첫해에 초임교사의 약 20% 정도가 교직에 회의를 느끼고 이직한다고 한다. 이 내용을 읽을 때 나는 충격을 경험했다. 우리나라에서는 취직을 못해서 안달인데, 멀쩡하게 직장을 잡은 미국 교사들이 미련 없이 첫해에 교직을 버린다니? 우리나라에서는 몇 명이나 교직 첫해에 이직을 하는지 알려진 것이 없지만 아마도 초임교사들이 어디 갈 곳도 없고 하여 그냥 눌러 앉아 평생을 불만과 회의 속에서 교직생활을 하고 있는지 모른다. 그런데 될 수 있는 대로 잘 입직지도(induction)를 하여 능력 있는 사람으로 하여금 교직을 떠나지 않고 즐겁게 일을 하도록 하여야 겠지만, 그래도 떠나야 할 사람은 떠나게 하는 것이 교직에는 유리하다는 것이다. 그래서 때로는 교사의 이직률이 높은 것이 좋을 수도 있다는 것이다. 교직에 불만으로 가득 찬 사람이 월급을 받아 먹기 위해 아이들을 가르치는 체하는 것은 모두를 위해서 불행한 일이다. 우선 아이들이 희생되고, 교사 당사자도 불쌍한 인생을 사는 것이고, 동료 교사들의 사기(士氣)를 갉아 먹는 것이기 때문에 동료들도 불행으로 몰아넣는 셈이다.

상아탑에서 교사양성 교육을 받은 젊은 초임교사들은 현장에 닥쳐 실망하게 마련이다. 나도 부임 첫날부터 감당하기 어려운 충격을 받기 시작하였다. 부임 첫날 인사말을 할 겨를도 없이 담임이 배정되지 않은 반에 들어가 아무 준비도 없이 가르쳐야 했다. 전문직이라는 교사의 시작을 이렇게 해도 되는 것인가 하는 회의를 느꼈다. 공장의 직공도 이런 식으로 일을 시키지는 않을 것이다. 개인차가 심한 반의 80~90명의 학생을 감당해야 하는 충격도 잊을 수 없다. 가르치기는 고사하고 수용하고 관리하기도 어려운 인원이었다. 나는 4부제 학교에서는 근무한 적이 없지만 2부제를 하는 학교에는 근무한 적이 있다. 한 교실에서 하루에 4학급을 바꾸어 가르치는 4부제란 것이다. 운동장이 항상 아이들로 바글거리고 뽀얀 먼지로 꽉 차 있었다. 지금 생각하면 우리는 1960~1970년대에 교육을 하는 것이 아니라 전쟁을 하고 있었던 셈이다. 그때 만났던 제자들에게 미안할 뿐이다.

요즘 교사들은 우리나라에 그런 시절이 있었느냐고 물을 것이고 옛날 얘기해서 무엇하느냐고 할 것이다. 그러나 우리는 그런 속에서 국가에서 시키는 대로 충성을 다했다. 북한 괴뢰도당, 중공오랑캐라고 가르쳤고, 보리혼식이 좋다고 가르쳤고, 새마을운동도 열심히 했다. 그러던 어느 날 갑자기 고령교사 하나 잘라 내면 젊은 교사 두세 명을 쓴다고 정치인과 교육 관료들이 국민에게 사기치고 정년을 단축시켜 버렸다. 아니꼽고 더럽다며, 그리고 국가에 충성한 죄밖에 없다며 많은 교사가 명퇴라는 이름으로 쫓겨났다. 이런 국가적 충격에 아무도 책임지는 사람도 없이 그 충격의 후유증을 지금도 앓고 있다. 책임감 없는 임시교사, 기간제 교사로 땜질을 하고 있으나 벽지에서는 이들마저 충원하지 못하고 있다.

45년 전 나의 교육현장의 모습이 여기 남아 있다.

교육일선에서

현직에 임하자 곧 글을 드린다는 게 늦었습니다. 소식은 종종 들었습니다만 얼마나 바쁘십니까?

교육이란 '교' 자를 처음 배우던 때가 엊그제 같은데, 이곳 일선에 온 지 6개월이나 되었습니다.

일선에 있는 동지들도 모두 건강히 교육일선을 지키고 있는 줄로 알고 있습니다.

그동안 어떤 생활이었느냐고요? 그저 한마디로 말해서 바빴지요. 처음 나와서 학교 분위기, 직원 분위기도 포착해야겠고, 사무 내용도 알아야겠으며, 학급 아동 동태도 파악해야 하고, 교재 연구, 환경 정리 등 바쁜 생활이었습니다. 거기에 자기 연구 등 책을 보자면 시간을 어떻게 이용해야 할지 모르겠습니다.

처음에 곤란한 점이 무엇이었느냐고요?

글쎄 많겠지요. 처음에 부임하던 날부터 학교를 둘러 볼 겨를도 없이 반에 들어가서 수업을 해야 했습니다. 세 시간, 네 시간을 인사말만 할 수 없고 무엇인가 해야 할 텐데 당장 곤란하였습니다.

생각다 못해 그전에 읽은 적이 있는 동화를 이야기하여 주었더니 아동들은 의외로 환성을 올리며 좋아했습니다. 이것이 처음 만난 곤란이었으나 잘 처리된 셈이 되었습니다.

다음으로 큰 곤란은 80~90명 되는 다수 학생을 어떻게 개성에 맞게 지도하느냐 하는 것입니다. 이것은 당국에서도 연구하고 연구지정 학교까지도 있습니다만, 당장 저에게 있어서 부닥친 큰 문제입니다. 학생은 많은데다 개인차는 심하고, 어떤 학생은 3학년 4학년 산수(수학)를 하는가 하면 어떤 아동은 1, 2, 3, 4를 가르쳐야 맞으니 어떻게 개인차에 맞게 지도하느냐 말입니다(저는 2학년을 맡았습니다). 교과별로 좀 더 자세히 말씀드리겠습니다.

'미술' 시간이었습니다. 80여 명 중에 10명의 아동이 미술 준비를 안 해 왔습니다. 옷차림을 보니 사실 어려워서 못 가져온 것 같아 처음에는 제가 사서 다른 아동과 같이 활동하게 해 주었으나 점점 안 가져오는 학생이 늘어나는 것 같고 버릇이 되기도 하고 주머니도 자주 털 수 없어 그만두었지요.

이제는 준비 안 한 학생은 옆 사람과 같이 하든지 다른 공부를 시키지만, 떠들고 야단입니다. 여러분은 어떻게 처리하겠습니까?

'체육'

학급당 인원 수가 많고 좁은 운동장에 그동안 체육시간을 경시했는지 훈련은 되어 있지 않고 시설과 기구가 적고 재미있는 교재마저 없을 때는 정말 곤란하다 아니 하겠습니까? 이에 대한 연구를 가지고 나오시고 기구와 시설을 요하지 않고 흥미 있게 놀이할 수 있는 교재를 연구해 오시길 바랍니다.

'음악'

교대에 들어 올 때 '도' 자리의 건반도 제대로 몰라 큰 걱정하고 이에 주력했는데 지금은 음악수업을 한다고 풍금 앞에 앉아 쳐 보니 음악은 오히려 수월한 편입니다. 예술인을 양성하는 데 목적이 있는 게 아니고 어느 정도 근사한 소리라도 내고 아동이 즐기면 되지 않겠습니까? 교과서 외의 노래를 가르쳐 줄 때는 환성을 올리며 즐겨 그것만 부릅니다. 틈틈이 연구하여 주세요. 본교에서 「아동연구회」라는 연구 서클에서 동시, 동요, 동화를 모아 보고 읽어 본 게 이렇게 도움이 될 줄은 몰랐습니다.

그러나 음악시간에 합창을 지도한다든지 화음 등을 고려하여 2부 합창 등을 지도한다든지 또는 윤창 등 좀 더 깊은 단계에서는 자신이 없어 곤란을 겪고 있습니다.

'국어'

읽기 시간에 학습부진아를 지명하였는데, 그 아이가 우두커니 서 있으면 다른 아동들은 갑갑해서 떠듭니다. 교사를 따라서 읽도록 해도 몇 사람 읽히지도 못하고 소란만 합니다. 그렇다고 방과 후에 남겨놓고 지도하기엔 2부제가 있어서 그것도 허락지 않습니다. 여러분은 어떻게 지도하시겠다는 복안을 가지고 나와 주십시오.

'사회, 자연(과학)'

시설이 부족한 학교에서는 교사가 광범한 이야깃거리를 가지고 있어야 그림만 있는 저학년 교재를 흥미 있게 지도할 수 있을 것 같습니다. 다음으로 특기에 대해서는 본교에서 누누이 들었으나 특기 없는 저에게는 타인으로부터 인정받기가 곤란하였습니다. 곤란한 몇 가지들이 있으나 교육자의 교육관, 철학관, 신념, 신조만 굳건하다면 모든 문제를 무난히 해결할 수 있으리라 믿습니다. 그저 학교에서 배운 대로, 하라는 대로만 한다면 정말 '페스탈로치' 소리를 들을 수 있을 것입니다(교육의 성자명을 남용해서 안 됐습니다만).

동료관계는 어떠하냐구요? 네! 참 좋습니다. 저는 무척 냉랭하리라 믿고 그 대책을 강구 중에 부임했으나 예상외로 동료관계는 따뜻합니다. 그렇게 큰 실수를 범한 적은 없습니다만, 좀 실수해도 처음 나온 사람이니 하고 이해해 주시는 것 같습니다. 이런 데는 신경을 쓰지 말고 자기 일만 충실하면 되리라 믿습니다. 교사의 경제문제, 시간문제, 문화생활 등의 다른 문제가 있습니다. 까딱 잘못하면 세상과 절연한 생활을 하기가 쉬울 것 같습니다. 이런 소린 그만하고 몇 가지 감히 부탁드리겠습니다.

먼저, 교육 서적이라면 모두 모아 두고 읽어 두십시요. 혹인은 현직에서 무슨 이론이 필요하냐고 할지 모르나 재학 시 교육 서적을 읽지 못하면 현직에서 필요한 것이 너무 많기 때문에(예를 들면, 당장 가르칠 교재 연구 등) 학문적 배경을 가진 서적을 읽기 힘들다고 봅니다. 따라서 '새교육' '교육평론' '새한신문(지금의 '한국교육신문')' '교육신문' 등 교육 잡지, 신문과 '인간의 벽' '일선교사의 수기' 등 교육 소식 등은 많은 도움이 되리라 믿습니다. 그리고 틈틈이 인근 학교를 방문하여 교육 현실을 조금이라도 많이, 조금이라도 빨리 '캐치' 하여 이에 대한 복안을 가지고 나오시길 바랍니다. 아마 졸업한 선배들도 기뻐할 것입니다. 다음으로 경험을 얻기 전에 우선 확고한 이론을 가지고 나오시기 바랍니다. 저는 숙제에 관한 것(교육평론, 1963. 9월호), 실습기(새교육, 1964. 2월호) 등에 이론적인 글을 쓴 적이 있습니다만 지금 와서 생각하니 터무니없는 것들입니다. 허나 현실이나 경험과 조화시킨다면 더 발전할 수 있는 이론이라는 걸 알고 우선 튼튼한 이론적

배경을 가지고 현직에서 경험을 얻도록 부탁드립니다.

여러분! 젊은이가 현직에 임할 때 얼마나 참지 못할 일이 많고 불평과 불만이 있는지 아십니까. 그러나 하나하나 참으며 자기 실력을 기릅니다. '햇병아리의 항변' 이라는 탈을 벗기까지는 불만도 표시하지 않으며 여러분이 빨리 나오시길 우리는 기다리고 있겠습니다.

마지막으로 교수님들께, 연수원이나 선배를 통해 많은 현실 문제를 청취해서 지도해 달라고 부탁하여 주십시오. 연수원과 졸업생은 현실 문제 캐치의 근원이 되는 것입니다. 우리를 길러 주신 교수님들과 특히 실습 중에 뼈가 되고 살이 되게 하나도 빼놓지 않고 지도하여 주신 부속초등학교 선생님께 이 기회에 충심으로 감사드리며 문맥도 통하지 않는 글을 그치겠습니다.

(교대학보, 서울교육대학, 1964. 9.,
서울흥인초등학교 교사 시절)

초임교사의 입직지도

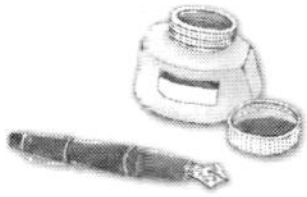

우리나라에서 현재 임용고사에 합격하고 교사로 발령받으면 특별한 일이 없는 한 발령과 동시에 거의 62세 정년을 보장받게 된다. 그런데 다른 나라에서는 1년씩 계약에 의하여 2년 또는 3년 시보교사(probation)로 근무하면서 입직지도(induction)를 받고 평가를 받아 성공적으로 시보교사를 마쳐야 정년보장(tenure)의 길로 가게 된다. 입직지도는 학생과의 관계, 동료교사와의 관계, 학부모와 지역사회와의 관계, 교직 적응, 특히 수업관찰과 지도, 전문직적 능력 개발(professional development) 등이 주 내용이 된다. 미국에서는 시보교사 업적평가를 프락시스(Praxis) III 시험이라고 한다.

우리나라에는 이런 시보교사제도가 없으므로 오히려 더 입직지도(induction)를 철저히 할 필요가 있다. 현재 우리나라에는 입직지도라는 개념 자체가 없는 셈이다. 임용고사에 합격하면 발령 전에 한 1주일 정도 오리엔테이션이라고 하여 이것저것 기본적인 것을 소개하는 정도라고 할 수 있다. 1주일 정도 교육청에서 실시하는 오리엔테이션을 받고 근무지 학교에 배치를 받고 근무지 학교에서 2년 정도는 교장의 계획과 지도하에 입직 교육을 받게 할 필요가 있다고 본다.

여기에 교직 첫해에 초임교사 지도의 필요성을 썼던 글이 있다. 내가 어떻게 그때 이런 생각을 했었는지 모르겠다. 지금 생각이나 별로 다를 것이 없다.

초임교사의 선도를 바란다

초임교사가 자기의 직업에 능숙하게 되고, 새로운 작업에 행복감을 느끼고, 자신감을 가질 수 있도록 하기에는 위에 계신 분이나 경험이 많은 동료의 도움이 필요한 것이다. 첫 교단에 오른 지 몇 개월 안 되지만, 소감을 바탕으로 초임자에게 필요한 몇 가지를 적는다.

필자가 부임한 학교는 직원 분위기가 온실 같이 따뜻하고, 교장 · 교감선생님의 인자하신 지도 격려와 당부, 그리고 몇몇 선생님들께서 틈 나는 대로 다가와 조용히 지도하여 줘서 감사의 눈물을 흘렸는데, 다른 학교에서도 이러했는지 의문이다. 앞으로 배출될 후배교사를 보다 적극적으로 충실한 내용으로 지도하여 올바른 교육관을 세워 바르게 자라고, 유능한 교육자로 자라서 교직의 전문성을 자타 공인하게 되는 것이라 생각되어, 지도해 주었으면 하는 내용과 방법을 적는다.

지도의 뜻

여기서 지도라 함은, 지도조언, 안내, 정보 내지는 지도교사가 교생(student teacher)을 지도하는 것과 같은 적극적인 것을 말하며, advice, assistance, guide, help 등 종합적인 것을 말한다. 이러한 지도가 없다면 초임교사는 항상 불안과 실망 속에서 교단 첫 출발을 하게 된다.

지도 내용

초임교사는 하나하나 작은 부분까지 지도받아야 할 점이 많다. 물론 장시간을 두고 선배 교사들이 하는 걸 보고 들으면 자연히 알게 되는 것도 있겠지만, 그동안에 젊은 교사들은 권태를 느끼게 되고 교직에 실망하며, 그 사이에 교육관이 흐려지고 옆길로 굽기 쉬운 것이다. 더구나 교직이 젊은이들의 그리움의 대상이 되지 못하는 우리나라에서는 더욱 초임자를 잘 이끌어야겠다.

◈ **확고한 교육관, 철학관, 교육신조를 가지도록 지도한다.**[1)]

사범교육을 받는 동안 교육에 대한 어떠한 관(觀)이 서 있었겠지만, 현실과 이론 사이에는 거리가 너무 멀기에 이에 대한 지도가 필요하며, 여기서 지도가 없어 시간을 보내기 위한 교사, 품팔이나 하는 교사의 존재로 전락하는 것이다.

◈ **동료, 아동, 학부모와 원만한 인간관계가(human relation) 맺어지도록 한다.**

초임교사는 과거에 학생이라는 동질 사회에서 처음으로 이질적인 교직사회 집단에 들어서는 만큼, 인간관계에서 미숙하고 처신을 잘하지 못하여 타인의 비난의 대상이 되고 고립되기 쉬우니, 이에 대한 조언이 필요하다. 어떤 교사는 전체 아동과 부임 인사를 늦도록 못하여, 타 학년생들이 몇 달을 두고 "아저씨! 아저씨!" 하고 부르더라니 이것도 아동과의 관계가 잘못된 한 예다.

◈ **부임 학교의 전통, 교칙, 그 학교에서 특별히 요구되는 점을 빨리 알도록 한다.**

◈ **그 지역의 언어, 의상, 오락, 생활양식, 풍속에 대하여 정보 제공을 한다.**

지방 출신이 서울로, 서울 출신이 지방으로 갈 때 특히 필요하며, 같은 도(道)라도 지역마다 이들이 다르니 이에 익숙하도록 해야 한다.

◈ **초임교사를 돕도록 동료 교사나 다른 사람들을 서로 자극한다.**

◈ **풍부하고도 고귀한 경험을 나누어 가지는 데 인색하지 말아야 한다.**

이 밖에도 어떻게 학급 편성이 되었는지, 소모품, 준비물, 교편물을 얻는 법, 보고서 작성법, 결재를 요하는 사항, 아동에 대한 주의나 처벌의 한계, 사무분장, 직원회의 시각 장소, 타종 등 시급히 알아야 할 것들이 초임자에게는 많은 것이다. 초임교사 중에는 자기가 알아야 할 것이 무엇인지 모르고, 알아야 할 필요가 있다는 것조차 모르는 어리석은 사람도 있을 수 있는 것이다.

초임교사 중의 대부분은 부임 첫날 당장 쓸 펜, 잉크, 색연필 등이 없어서 자기 돈으로 사는 사람이 많다. 소모품계가 먼저 가져다주기 전에 부임하자마자 낯도 안 익은 사람에게 무엇을 요구할 수도 없으니 부득이한 일이다. 필자의 경우는 소모품계가 펜과 잉크, 끈, 송곳 등을 미리 가져다주어서 다행이었고 얼마나 감사해했는지 모른다. 미국 서적[2)]에서 본 다음의 대화를 적어 우리 주변에 이런 예가 없는지 주의를 환기하고자 한다.

초임교사: 선생님, 소모품은 어떻게 탑니까?

기성교사: 글쎄, 지독히 수속 절차가 복잡해서…… 선생님이 겪어 보지 못한 고통을 겪어야 하며, 형식이 복잡한데…… 난 5년이나 여기 있었어도 아직…….

초임교사: 아, 그래요? 죄송합니다. 전에 미리 고통을 겪어 보지 못해서…….

초임교사는 애당초 소모품을 얻어 쓸 생각조차 않고 사재를 털어 사 쓰더라는 것이다. 한 친구는 직원실에 시간표가 있어서 적어 가지고 수업을 그대로 시작했는데, 끝날 때가 되어도 종은 안 울리고 아동은 화장실에 가겠다고 졸라서 보내고 보니 옆 교실에서는 조용히 공부하고 있어서 무안했다는 것이다. 나중에 알고 보니 직원실의 시간표가 전의 것이라 틀리는 것이고, 종소리도 들리지 않는 곳이었다니 감상적인 젊은 교사에게는 웃어 넘기기에는 너무나 큰 문제다. 이런 조그마한 문제에서 학교 전체를 불신하고 비협조적인 태도로 나가게 되는 것이다.

지금까지 적은 것들은 따뜻한 지도가 없이는 많은 고통과 실수가 있어야만 비로소 배우게 되며 영원히 배우지 못하는 수도 있다. 초임자가 자기의 일에 익숙하게 되고 행복감을 느끼고 자신을 가지기에는 많은 도움이 필요하며, 심리학에서도 첫 경험이 중요하고, 단체정신(esprit de corps) 등은 대체로 초기의 경험에서 형성된다는 것을 증명하여 주고, 정확한 출발보다 더 성공으로 빨리 이끄는 것은 없다고 말해 준다.

지도방법

초임교사는 어떻게 하면 자기의 입장에 숙달하고, 선임교사는 어떻게 도와줄 것인가 생각해 보기로 한다.

◈ 초임교사

- 학기 초에 친목을 목적으로 하는 사교적 모임(social party)에 참여한다.
- 한 학기나 일 년간 지도받을 중진 교사를 정하여 상의하고 배운다(대개는 동창 선배를 정하는 예가 많다.).
- 초임자를 위한 핸드북이나 인쇄물을 읽는다('교사실무 핸드북'은 초임자를 위한 좋은 지도서라고 생각한다.).
- 학기가 시작되기 전에 초임교사를 위한 단기 특별 강습을 받는다(금년 발령 전에 3일간 시교육연구소에서 베푼 신규 채용 후보 교사 강습이 그 한 예임).

그러나 무엇보다도 초임자는 자기의 겸허한 태도와 행동 및 노력 여하에 따라 속히 배울 수도 있고 늦어지기도 하며, 영원히 배우고 익힐 기회를 놓쳐 버리고 마는 수가 있다.

◈ 선임교사

동도(同途)의 후배라는 것을 생각하여 초임교사(newcomer)를 환영해 주고 그로 하여금 가족적인 분위기를 느끼도록 해 주어야 한다. 간단히 말해서 학교 행정가나 선임교사는 착한 사마리아(good samaritans, 자비심 많은 착한 사람)가 되어야 하는 것이다. 한 가지 특기할 것은, 첫 교단[3]에서는 교사의 교실을 될 수 있는 대로 일주일 이내에 교장선생님이나 장학 진영에서 방문하여, 흔히 젊은 교사가 교육에 흥미를 잃고 실패하게 되며 영원한 고통과 불행의 실마리가 되는 원인을 조기 발견하여 처리 해결하도록 조언해 주어야 하는 것이다. 미국의 교직에 실패한 대다수의 교사들은 초기에 교장이나 장학사, 장학관 등 장학진의 지도 조언이 없었기 때문에 실패했다고 실패담을 말한다.[4] 조기 발견은 폐결핵에서 발병 초기와 같이 중요한 것이다. 우리나라에서는 교장선생님이나 장학진에 대해 관리자나 책임자, 명령자라는 인식이 있어서 곤란할지 모르나, 수시로 권하는 부드러운 조언이 아쉬운 것이다.

지금까지를 요약하면, 초임자는 많이 배우고 올바르게 배우려고 노력하며 수양을 쌓고, 선임자는 과거보다 더 관심을 가지고 초임자를 도와주며 지도하는 것이 교육계의 발전에 기여하는 길이라고 본다.

끝으로 미국에서는 1, 2년을 임시 시보교사로 채용하고 지도하여 보아 발전성이 있으면 정식으로 교사를 채용한다고 하는데, 우리나라에서 그렇게 할 수는 없겠지만 좀 학교 사정이 복잡하더라도 하루이틀쯤은 초임교사에게 준비 기간과 오리엔테이션 기간을 두어, 학교 분위기와 학급에 대해서 조금이라도 안 다음에 수업에 임하도록 할 것을 제의한다.

(새교육, 1964. 8.,

서울흥인초등학교 교사 5개월 시절)

주

1) *The Journal of Teacher Education*. 1969. 10. p. 349.

2) *The Fundamentals of Public School Administration*. p. 134.

3) 누가복음 10:30 이하

4) *The Fundamentals of Public School Administration*. p. 135.

숙제는 숙제

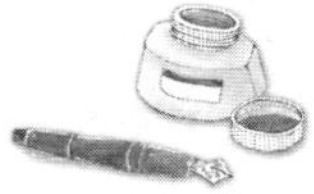

숙제는 교육자의 숙제다. 옛날에는 다분히 학생을 책상 앞에 붙잡아 놓기 위해서 숙제를 내주는 경향이 있었다. 그런데 이제는 학생이 과외를 하는 경우도 있고, 또 집에서 개인적으로 학습지를 하는 경우도 있어서 학교에서 특별한 목적이나 이유가 없으면 숙제를 내줄 필요가 없을지도 모른다. 학생은 학교 숙제, 학원 숙제, 학습지 등 이중삼중으로 숙제에 시달릴 가능성이 크다. 그리고 교사가 숙제를 내주고 제대로 검사나 확인을 하지 못하여 학생들이 잘못된 숙제를 해와도 그냥 넘어가게 되면 학생들은 틀린 지식을 갖게 되는 결과를 가져오게 된다. 학생들에게 숙제를 어떻게 내줘야 하느냐가 교사의 숙제다.

어떤 사람(Marzano)은 숙제를 낼 때 다음을 명심하라고 한다.

- 쉽게 완성할 수 있도록 설계하라.
- 많이 내준다고 학습을 잘하게 되는 것은 아니다.

- 벌이 아니라 학습목적이어야 한다.
- 현행 학습목적과 일치되어야 한다.
- 어른의 도움 없이도 완성할 수 있는 것이어야 한다.
- 학부모가 숙제 내용에 대한 전문가일 것으로 기대해서는 안 된다.
- 학부모의 전문성이나 경험이 활용되는 과제는 성공적일 수 있다.

다음은 서울교대생 2학년이었던 필자가 감히 숙제지도에 대하여 무엇을 안다고 썼던 글이 있다. 그래도 교사가 되기 전에 이런 생각이라도 해봤다는 것은 다행이었다고 위안을 삼아야겠다.

어린이 숙제지도

"휴우, 오늘 저녁은 숙제 때문에 죽어났다." 이렇게 한숨 섞어 불평을 말하는 어린이를 우리는 가끔 본다. 이 세상에 숙제를 좋아하는 사람이 얼마나 될까? 초등학교 1학년에서 대학 4학년에 이르기까지 이 세상의 그 누구도 숙제를 좋아하는 사람은 없을 것이다. 그러면 이렇게 전 학생이 싫어하는 숙제는 왜 내어야만 하는가? 또한 억지로 숙제를 해 가고, 심지어는 가정교사나 다른 사람을 시켜서 해 가는 숙제를 낼 만한 가치가 있는 것인가? 이렇게 생각하면 숙제란 것도 그렇게 간단한 문제가 아닌 것 같다. 현재의 각 학교의 숙제지도를 직시할 때, 또한 가정에서의 지도를 살펴볼 때 너무나 경솔하게 이루어지고 있으니 이를 하루빨리 시정하여 숙제 본래의 사명을 다하게 하는데 본제 연구의 의의가 있다. 지금 미국 등 외국에서는 숙제에 대하여 문제가 논의되고 부모의 숙제지도에 대한 글[1]이 나오고 있으며 심지어는 'homework' 라고 해서 순전히 어린이 숙제를 위한 전문서적[2]까지 나오고 있는 모양인데 현재 우리나라에서는 교사는 무턱대고 어린이에게 유익하건 무익하건 숙제를 내며 오히려 어린이에게 해로운 것까지도 숙제로 내고 있으며, 그 숙제가 극히 형식적인데다가 가정에서 부모들은 그 숙제지도를 함에 있어서 어린이의 자율성을 무시하고, 숙제를 돕는 것이 아니라 어린이 대신 해 주어 부모를 위한 숙제가 되며, 가정교사를 위한 숙제가 되고 있으니 이 숙제지도도 연구할 여지가 크다.

숙제는 지식의 함양, 또 습득된 지식의 훈련, 연습에 지극히 필요한 것임은 틀림없다. 아마도 이래서 현재 어느 학교에서나 숙제를 낸다고 생각한다.

그러나 이 숙제는 그 종류, 방법, 지도 처리와 가정에서의 지도가 잘못되는 경우에는 어린이에게 쓸데없는 정신적 · 육체적 고통만을 주게 되어 건강까지 해치며, 어린이 혼자 나름 짐작으로 하는 수가 있어 잘못된 지식만 늘게 되는 수가 많다. 그러면 학교에서 교사의 숙제지도의 측면을 몇 학교를 조사하면서 그때 그때 느낀 점과 가정에서 부모의 지도를 간단히 적어 간다.

교사의 숙제지도

까딱 잘못하면 교사는 어린이에게 어떤 지식을 넣어 준다거나 학습지도면에서 어느 점이 이익이 된다고 하는 생각 없이 숙제를 내기가 쉽고, 또 어린이의 성장발달에 맞지 않는 무리한 숙제를 내기가 쉽다. 무릇 모든 일이 다 그렇듯이 숙제를 내는 데도 뚜렷한 목적이 있어야 하는데, 그 목적은 다음과 같아야 한다.

〈숙제를 내는 목적〉

- 이상적인 숙제는 계속적인 지적 발달을 가져올 수 있고,
- 어떤 문제에 훈련과 숙달을 가져올 수도 있고,
- 어린이 자율적으로 여기저기서 광범위하게 배울 수 있는 기회를 주기도 하며,
- 아동으로 하여금 규칙적으로 공부하는 태도를 기르고,
- 예습과 복습으로 진도를 빠르게 하는 데 숙제를 내는 목적이 있다고 생각한다.

이것은 주로 책을 중심으로 하는 것과 책 이외의 광범한 문제를 숙제로 하는 두 종류가 있다. 먼저 것으로 교과서 몇 쪽의 문제를 풀기, 외워 오기, 내용 파악하기, 반대말 비슷한 말 조사, 그려오기 식의 종래의 숙제로서 현재 대부분의 숙제가 이런 식인 것 같다. 그러나 앞으로 지향할 방향의 숙제는 신문기사를 오려 스크랩하기, 우리 지역 사회에서 버스의 서비스에 대해서 보고서 내기, 우리 지역 사회에서 우리를 돕는 기관(예, 경찰서, 소방서) 등을 조사하기, 그림으로 표현해 오기, 전문가와 면담하고 발표하기, 또는 맛있게 요리하는 방법 등을 연구해 오기, 또는 학급에서 큰 소리로 읽을 시나 다른 종류의 글을 뽑아 오기, 학급에서 토의할 문제와 관계 있는 그림이나 사진을 오려 오기 등 다방면의 활동을 요하는 것이다. 필자는 후자의 숙제가 실시되기를 특히 강조하고 싶다. 책에만 의존하는 숙제의 폐단은 이루 다 말할 수 없이 많으니 이것은 단순한 어린이의 시간과 어린 열정의 소비일 뿐인 것이다. 언젠가 필자는 중학교 때 방학 동안 1~1,000을 하루에 10번씩 써 오라는 숙제를 받았었다. 이런 숙제는 빨리 1, 2, 3, 4, ……를 쓴다

든지 등 글씨 연습에 다소 도움이 될지 모르나, 이것은 틀림없이 시간과 열정, 공책과 연필의 낭비에 지나지 않았으며, 더욱이 중학생들에게 왜 이런 숙제를 내는가 인식시켜 주지도 않고 냈으며, 이를 검사하지도 않고 학교 용인(보조원)이 수북이 쌓아 놓고 도장만 찍어 주는 것을 보고 뜨거운 여름에 놀지도 못하고 한 숙제를 선생은 보지도 않고 용인의 손을 거쳐 반환되니 나의 실망은 이루 말할 수 없었다. 이런 식의 숙제가 되어서는 안 되겠다.

그러면 현재 각 학교에서는 어떠한 종류의 숙제가 행해지고 있는가?

어떤 학교에서는 매일 숙제를 프린트해서 돌려주기도 하고, 어떤 학교는 주로 예습과 복습을 위한 것으로 전과지도 참고서만 보면 다 할 수 있는 그런 것을 내기도 하고, 또 어떤 것을 외워 오라고 하기도 하고, 또 어느 학교 교사는 학생이 그 조사방법과 참고할 점을 모르고서는 도저히 해결할 수 없는 어려운 문제를 해결방법도 가르쳐 주지도 않고 숙제로 주는 것도 볼 수 있고, 또 어떤 교사는 각 분단 별로 달리하여 여러 가지 옷감조각을 수집한다거나 여러 가지 자료를 수집하도록 하여 학습 자료로 사용하는 것도 볼 수 있었으니 어쨌든 책에만 의존하지 않는 숙제이어야 하겠다.

〈숙제의 분량〉

어린이의 심신발달과 성장도에 따라 조금씩 많아져야 하는데 1, 2학년은 숙제를 내지 않는 게 좋고, 낸다면 5분 정도에 할 수 있는 것이 좋고, 3, 4학년은 1시간 정도, 5, 6학년은 2시간이 넘어도 좋다.[3)] 어쨌든 숙제는 너무 많아서 미리 겁을 먹고 제 손으로, 제 머리로 하지 않고 다른 사람을 시켜서 하지 않도록 하고, 남의 숙제를 베껴오지 않도록 적당량을 내야 한다.

숙제를 낼 때 개인적으로 하는 것보다도 분단을 조직하여 협동으로 해

오도록 하는 것이 좋다. 그래서 서로 상의하고 토론하는 가운데 협동정신도 아울러 기르도록 하는 것이 좋다,

〈숙제의 처리〉

숙제의 처리 문제는 신중히 해야 할 것이다. 먼저 말한 용인을 시켜 도장만 찍어 주는 식의 처리는 아무런 가치가 없는 숙제다. 잘된 숙제는 칭찬을 아끼지 말아야 하며 될 수 있는 대로 여러 어린이 앞에서 보고 형식으로 발표시켜 여러 어린이가 경험을 나누어 가질 수 있도록 하는 동시에 발표력도 겸하여 기르도록 하는 것이 좋다. 전시할 작품이면 교실에 전시하여 학급 어린이가 즐겨 보도록 할 것이며, 또한 교사는 부모에게 항상 연락하여 어린이가 혼자 숙제를 하여 잘못된 지식만 늘지 않도록 할 것이며, 되도록 개인차에 적합한 것을 주어야 하는데, 현재 학교 실정으로는 어려우나 최소한 상중하의 등급으로 숙제를 주는 것이 좋다.

때때로 숙제하는 방법을 지도하여 사전, 공책, 텔레비전, 참고서, 백과사전, 전문가, 도서관 등 광범위하게 이용하도록 할 것이다.

가정에서의 지도

요사이 서울 시내에는 가정교사를 두는 것이 유행화되어 있는 것 같다. 이것만 보아도 가정에서의 어린이 지도가 적극적인 것이 사실인 반면 시골에서는 부모가 어린이 책을 들여다보기는커녕 학용품도 갖추어 주지 못하고 있는 실정이다. 어린이의 교육은 학교에서만 이루어지는 것이 아니며 가정에서의 지도도 중요하니 그 지도점을 간단히 적는다.

- 어린이가 숙제를 혼자서 하게 되면 틀렸는지 맞았는지 모르고, 자기가 한 것이 다 맞은 것으로 알기 쉬우니, 항상 옆에서 돌봐 주고 검사해야 하는데, 절대로 어린이 대신 숙제를 하지 말 것이니, 답보다는 질문, 강의보다는 어린이 의견을 청취하여 숙제의 방법을 암시만 해 줄 것이다. 가정교사가 숙제를 대신 해 주는 경우가 많은데, 이것은 어린이 대신 가정교사가 밥을 먹어 주는 것과 다름이 없다.
- 어린이가 숙제를 검사해 달라거나 사인해 달라거나 학교에서 읽거나 발표할 것을 미리 들을 때 잘된 점을 특히 칭찬해 주고 철저히 검사할 것이다.
- 또 부모는 항상 어린이 책을 읽어 어린이가 책 읽기를 즐기도록 하고, 특히 저학년은 큰 소리로 책 읽도록 해야 하는데, 책 읽기를 즐기는 어린이는 책 읽고 하는 숙제는 아무런 걱정이 없는 것이다.
- 다음으로 가정에 충분한 참고도서나 사전 등의 자료를 준비하여 어린이가 낱말을 묻거나 모를 때 찾아보도록 해야 하고, 재미있는 그림이 있는 박물학 책이나 백과사전은 특히 중요한 역할을 한다.
- 또 중요한 것은 박물관이나 동물원, 식물원, 역사적으로 흥미 있는 곳을 가족 전체가 여행하여 어린이의 견문을 넓히고, 생활의 폭을 넓히면 숙제에 걱정이 없게 된다.
- 학부모는 P, T, A(사친회) 등에서 활동함으로 되도록 담임교사와 가까이 하여 교사가 숙제를 내는 목적을 캐치하여야 한다.
- 또한 학부모는 공부하는 환경을 생각하여 조용한 방을 마련해 주어야 하는데, TV나 시끄러운 라디오 소리, 전등의 밝기 등에 충분한 고려가 있어야 한다.

• 숙제를 하는 시간도 규칙적으로 정해 주어 겨울은 일찍 어두워지니 좀 일찍 하게 하고, 봄, 여름은 밖에서 놀게 한 후 좀 늦은 시간에 하도록 하는 게 좋다.

• 또 학교에서는 많은 아동 수에 의해서 개인차를 충분히 고려하지 못 할 것이니, 머리가 좀 영리하여 쉽게 해 치우는 어린이는 숙제의 자료를 충분히 제공해 주고 좀 둔한 어린이는 간단히 해치우도록 해야 한다.

어쨌든 어린이의 성장의 대부분이 가정에서 이루어지는 것을 생각하면, 가정에서의 세심한 주의 지도가 필요한 것이다. 미국의 도서관에서는 3, 4세의 어린이부터 1, 2학년 어린이를 위한 이야기 시간이 따로 있어 대부분의 숙제가 여기서 이루어진다니[4] 우리나라의 도서관의 확보가 시급히 요청된다.

지금까지를 간단히 말하건대, 너무나 경솔히 다루었던 숙제지도에 교사와 학부모는 세심한 주의 관심을 가지고 지도하여 유익한 숙제가 되도록 해야 하며, 특히 숙제를 책에만 의존하는 숙제가 되지 않도록 강조하고 가정에서도 충분한 자료 속에서 숙제가 다루어지도록 해야 한다.

(교육평론, 1963, 9월호, 통권 59호,
서울교대 2학년 시절)

주

1) *Parents*, 1962, 10.

2) *Maryland Teacher.*

3) 같은 책

4) 같은 책

졸업식 유감

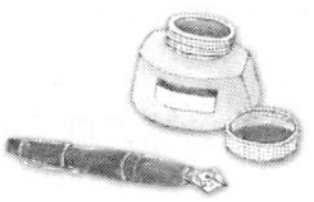

졸업식을 무엇 때문에 하는지 모르겠다. 석사 · 박사까지 했다는 사람들의 대학 졸업식이 엉망진창이다. 식장 안에서 장사꾼들이 물건을 팔러 다니고, 사진을 찍으라고 소란을 피우면서 돌아다닌다. 그리고 졸업장, 상장 등 자기 받을 것만 받으면 모두 식장을 떠나고 나중엔 몇 명 남지도 않는다. 박사까지 공부한 사람들이 졸업식 의식 하나 제대로 지키지 못하는 학위증을 왜 발행하는지 모르겠다. 그동안 무엇을 가르치고 배웠단 말인가? 총장의 졸업식사나 초대받은 인사의 축사도 별 의미 없는 말로 지루한 시간을 때우고 있다. 주인공 졸업생이 아예 졸업식장에 참석도 안 하고 가족과 사진이나 몇 장 찍고 먹으러 몰려 가느라고 교통만 막히게 만들고 있다.

그런데 미국의 대학 졸업식은 엄숙하면서도 축제와 같다. 모두가 정해진 자리에 앉고 움직일 수 없게 되어 있다. 한 번 입실하면 들락날락을 못한다. 일체 사진도 못 찍는다. 졸업생은 발 디디는 표시가 그려진 정해진 자리에 서서 총장으로부터 직접 졸업장과 학위증을 받고 그때 자동적으로 공식적인 사진이 찍히고 그 사진을 사고 싶은 사람만 주문하여 산다.

졸업식의 하이라이트는 저명인사의 학술강연을 듣는 것이다. 졸업식이 학문적인 배움의 시간인 것이다. 졸업식의 사회자는 총장(President)이다. President는 사회(Preside)를 보기 때문에 President인 것이다. 총장이 학위증 내용을 읽는다. 그런데 우리나라에서는 총장이 학위증을 읽을 줄 몰라 대리인이 읽어 준다. 학위증도 읽을 줄 모르거나 건강이 나빠서 읽을 수 없는 사람이 무슨 총장인가? 우리나라 대학 졸업식은 시간 낭비이고 무질서 연출의 장이다. 이런 의미없는 졸업식은 할 필요가 없다.

미국의 초등학교, 중학교 졸업식은 아예 없고 고등학교 졸업식은 대학 졸업식과 마찬가지로 사각모를 쓰고 엄숙하고 멋있게 치러진다. 교장으로부터 한 사람씩 일일이 졸업장을 받고 학생의 졸업식 연설은 그의 이력서에 기록될 정도로 명예롭게 여겨진다. 고등학교 졸업식 후에는 성대한 가족파티를 갖는다. 초등학교와 중학교는 유치원부터 12학년까지 연결되고 의무교육 기간이기 때문에 학업을 마치는 '졸업'이란 말이 있을 수 없다. 학교를 옮겨가는 전학의 의미에 해당될 것이다. 그러니 당연하게 중학교, 고등학교에는 입학이라는 개념이 있을 수 없다.

우리나라에서 지금 고등학교에서 대학으로 진학하는 진학률은 84%에 이른다. 유치원 취원율은 38%인데 비하여 대학 취학률은 71%에 이른다. 거의 대부분의 국민이 대학에 간다고 할 수 있다. 그래서 입학식과 졸업식의 중요성과 의미가 사그라졌는지 모른다. 그러나 옛날에 많은 사람이 초등학교도 졸업 못하고, 중학교에도 가지 못하던 시절에는 초등학교 졸업식도 울음바다가 되기도 하였다. 나의 초등학교 졸업식도 울음바다였다. 정든 학교와 선생님, 친구들과 헤어지려니 울음바다가 되지 않을 수 없었다. 나는 중학교를 졸업하고 고등학교에 못 가게 되어 슬픔에 젖어 혼자 쓸쓸히 집으로 먼 산길을 걸어 왔었다. 1년 농사짓다가 농업고등학교에 들어가 고등학교를 졸업할 때는 졸업식에 참석도 안 했다. 또 다시 1년 농사짓고 2년제 서울교대에 들어가 졸업했는데 서울교대 졸업식은 기억에 잘 남지 않는다. 의미가 적었던 모양이다. 야간대학 3학년에 편입하여 교사 생활을 하면서 공부하여 졸업하던 국제대학 졸업식은 기억에 생생하다. 아내와 큰 딸 아이와 같이 사진을 찍기도 했다. 서울대학 교육대학원 석사학위 수여식도 기억에 생생하다. 역시 어렵게 공부하여 졸업하게 되니까 기억에 남는가 보다. 미네소타 대학교 박사학위 수여식에는 귀국하느라고 참석도 못했다. 학위증을 25센트 보통우편물로 받게 되어 허망하기도 하였다.

여기 교직 첫 해 졸업생들에게 남긴 글이 서울홍인초등학교 어린이 신문에 남아 있다.

새 출발의 졸업

시계의 초침이 부지런히 돌아가더니 그렇게 애태우며 걱정하던 입학시험도 지나가고 이젠 즐거운 방학과 졸업만이 남았군요. 여러분! 지금 여러분의 어린 가슴에 갖가지 감정이 엇갈리고 있을 줄 알고 있습니다. 일생 최대의 기쁨, 그리움, 두려움, 슬픔도……. 여러분의 그러한 감정을 들으며 이야기라도 하고 싶습니다. 어린 시절로 돌아가고 싶은 선생님도 잠시나마 마음만이라도 그 시절로 돌아가고 싶어서입니다. 그런데 여러분! 그러한 감정에만 싸여 바짝 긴장했던 마음이 풀린 채 새로운 세계로 들어갈까 걱정되어 이 글을 씁니다. 물론 지긋지긋한 시험에서(이때는 중학교 입학시험이 지금의 대학입시 이상으로 심각했다) 해방되어 새장에 갇혔던 새가 넓고 푸른 창공을 활개 치며 나는 기분이었겠지만, 일생이 시험 하나로 끝나는 게 아니니 좀 더 가치 있는 새날을 위해서 여러분의 기분을 스스로 눌러 가며 엄숙한 마음으로 졸업을 맞이해야겠습니다. 그러면 여러분에게 마지막 부탁이 되는 걸 써 볼까 합니다.

첫째, 크게 희망을 가져라.

혹 입시에 실패한 사람 또는 원하던 학교에 못 가게 된 사람이 있다면 하늘이 무너진 일이라고, 공든 탑이 무너졌다고 낙망할지 모르겠습니다만 그런 일들은 인생살이에서는 아무것도 아닙니다. 앞으로 단단한 결심만 있다면 오히려 여러분이 자라나는 데 자극제라는 약이 되어 오히려 도움이 될지도 모릅니다. 희망을 가지되 터무니없는 희망은 가지지 마세요. 자기의 입장과 현실을 잘 살펴보고 자기에게 맞는 희망을 가지세요. 선생님이 6학년 때 '졸업을 앞두고'란 제목으로 글을 썼는데, 나는 위대한 정치가가 되겠다고 해서 선생님한테 칭찬도 받고 꼭 성공해서 국민을 평화롭고 행복하게 살도록 하라는 부탁을 미리 받아두었습니다. 그 후 나는 그 방면으로 나가려고 무척 애썼으나 결국 여러분께 이 글을 쓰고 있지 않습니까? 이것은 자기에게 적합하지 않은 희망을 가졌었다는 것입니다. 그렇다고 나는 선생님이 된 것을 후회하는 게 아니고 참 잘한 일이라고 지금도 생각하고 있어요. 희망을 가지되 자기의 현실을 잘 살펴서 정하고 환경이 나쁘다고 너무 옹졸한 희망을 갖지 마세요. 진흙 속에서 피어나는 아름다운 연꽃을 바라 보세요. 그 더러운 진흙 속에서 자랄지라도 거기서 피어나는 꽃은 얼마나 소담스럽고 아름다운가요? '개천에서 용난다.' 는 말이 있지요. 이를 믿고 낙망과 주저 없이 전진하세요.

둘째, 지나치게 약지 마라.

요새 어린이들은(어른들도 그렇지만) 지나치게 약고 이해관계가 빨라 티끌 만큼도 손해를 안 보려고 합니다. 물론 약아야 살지요. 세상은 점점 발전하는데……. 그런데 지나치게 약으면 탈입니다. "비를 맞고 서서 교통신호를 기다려? 경찰도 없는데……. 차 비켜서 빨리 건너지." "언제 끝에 줄에서 기다리니? 새치기하지." "선생님도 안 보시는데 청소는 슬쩍 웬만치 해두지." "흘린 종이를 주으면 안 줍는 사람보다 손해 아냐? 그만큼 힘이 드니까." "어제는 숙제 안 해 갔어도 아무 말씀도 없었는데 오늘도 숙제하지 말아야지." "아이, 글짓기를 어떻게 한담? 어디서 슬쩍 베껴 내야지. 아마 선생님도 그런 책 안 읽어 보셨을 거야." 이런 것들이 지나치게 약은 거지요. "위문문은 뭐라 써. 귀찮고 돈 들고, 그 돈으로 뭐나 사지?" 이런 사람이 있기에 우리 사회는 발전하지 못합니다. 지나치게 약은 사람이 장사를 하니 물건 값의 몇 곱절을 손님에게 바가지 씌우고도 당연한 것처럼 생각하는 우리나라는 주인이 없어도 돈을 값대로 두고 물건을 가져가는 나라와는 비교도 안 될 만큼 야만이지요. 이런 게 지나치게 약은 현상입니다. 여러분! 약은 사람은 결국 자기 꾀에 넘어갑니다. 지나치게 약은 일본은 전쟁에 졌으며, 지나치게 약아 법을 어기며 세금을 안 내고 돈을 모은 부자는 부정축재라는 법의 심판을 받지 않았습니까? 우리나라는 좀 순진한, 좀 어수룩한, 좀 바보 같은 사람이 많아져야겠습니다. 그래야 문명국이라고 자랑하게 되겠습니다.

할 말이 많지만 '마지막'으로 은혜를 아는 사람이 되라. 세상에 흔히 은혜를 모르는 사람이 있습니다. 잘되면 자기 재주, 못 되면 길러 준 사람 탓, 심하면 부모를 해치기도 하고, 감사하다는 마음은커녕, 고맙다는 편지를 쓰기는커녕 선생님 댁을 도둑질을 하거나 사기, 거짓말을 합니다. 여러분, 여러분은 어디서 와서 누구의 손에 자랐습니까? 정신적, 육체적으로 부모님 말씀에 순종하고 길러 준 스승에게 편지라도 쓰면 은혜에 보답하는 길이 되는 것입니다.

그만 하겠습니다. 여러분이 이제는 모두 살아가면서 할 일들이지요. 초등학교에서 마지막 방학에 시험 때문에 주린 독서를 하십시요. 책은 어려서 읽을 게 있습니다. 동화, 전기, 위인전 등은 모두 초등학교에서 읽어야 할 책들입니다. 끝으로 졸업은 학업을 마치는 게 아니고 새로운 출발, 즉 시작을 의미합니다. 졸장부의 졸업 기분으로 귀중한 시간을 헛되이 버리지 말고 독서, 새로운 설계, 6년의 총정리, 시험에 시달린 건강회복 등 가치 있게 사용하고 부디 성공하시를…….

1964년 말

(흥인 어린이, 제11호, 1964. 12. 21.,
서울흥인초등학교 부임 1년 시절)

33
II
W

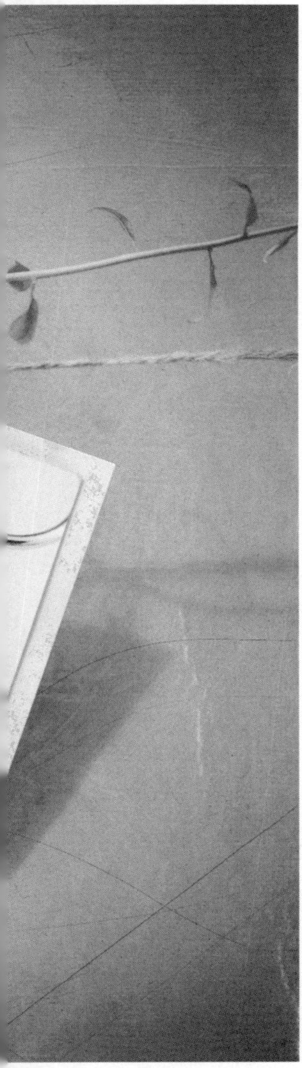

제5부 마이 웨이

- 마이 웨이
- 보람으로 산다
- 교육은 최후의 보루

마이 웨이

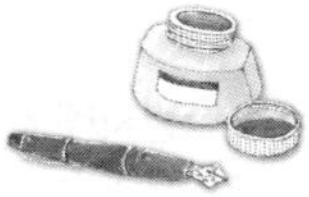

And now the end is near
자, 이제 마지막이 가까워졌군

And so I face the final curtain
내 생의 마지막 순간을 대하고 있어

My friend, I'll say it clear
친구, 분명히 해두고 싶은 게 있어

I'll state my case of which I'm certain
내가 확신하는 바대로 살았던 삶의 방식을 얘기해 볼게

I've lived a life that's full
난 충만한 삶을 살았고

I traveled each and every highway
정말 많은 것을 경험하며 돌아다녔지만

And more, much more than this
그보다 훨씬 더 굉장했던 것은

I did it my way
난 항상 내 방식대로 살았어

Regrets, I've had a few
후회라, 약간은 있었지

But then again too few to mention
그렇지만 달리 보니

I did what I had to do
끄집어 내어 이야기할 정도로 많았던 것은 아니야

And saw it through without exemption
난 내가 해야 할 일을 했었고, 한 치도 예외 없이 그것을 끝까지 해냈지

I planned each chartered course
계획된 길을 따라가기도 했고

Each careful step along the byway
샛길을 따라 조심스러운 걸음도 계획했었어

And more, much more than this
그리고, 그 보다 더 가치 있었던 것은

I did it my way
난 항상 내 방식대로 살았다는 거야

Yes, there were times I'll sure you knew
그래 맞아, 자네도 잘 알겠지만

When I bit off more than I could chew
어떤 때는 지나치게 과욕을 부린 적도 있었지.

But through it all when there was doubt
하지만 그런 모든 일을 겪는 도중, 의심이 생길 땐

I ate it up and spit out
전적으로 신용했다가도, 딱 잘라 말하기도 서슴지 않았어

I faced it all and I stood tall
모든 것과 정면으로 맞서면서도

And did it my way
난 당당했고, 내 방식대로 해냈어

I've loved, I've laughed and cried
사랑도 해 봤고, 웃기도, 울기도 했지

I've had my fill, my share of losing
가질 만큼 가져도 봤고, 잃을 만큼 잃어도 봤지

And now as tears subside
이제, 눈물이 가신 뒤에 보니

I find it all so amusing
모두 즐거운 추억일 뿐이야

To think I did all that
내가 했던 모든 걸 생각하니

And may I say not in a shy way
부끄러워하지 않는 투로 이렇게 말해도 되겠지

Oh, no, oh no not me
아니요, 무슨 말씀을, 난 달라요

I did it my way
난 내 방식대로 살았어요라고

For what is a man, what has he got
사나이가 사는 이유가 뭐고, 가진 것이 과연 뭐겠어?

If not himself then he has naught
그 자신의 주체성이 없다면, 가진 게 아무것도 없는 거지

To say the things he truly feels
비굴한 사람들이 하는 말이 아니라, 자신이 진실로 느끼는 것을 말하는 게

And not the words of one who kneels
진정 남자 아니겠어

the record shows I took the blows
내 경력이 말해 주듯이 난 어려움을 피하지 않았고

and did it my way
항상 내 방식대로 해결했어

Yes, it was my way
그래, 난 방식대로 했어

평소에 이 노래를 부를 줄은 몰라도 많이 좋아 했다. 그런데 42.195km 교직마라톤을 마치고 지금 이 노래를 들으니 더욱 내 가

슴에 와 닿는 느낌이다. 어쩌다 아이들을 가르치는 이 길에 들어섰지만 지금 생각해도 잘 들어온 것 같다. 내가 어디 가서 살았더라도 이보다 더 행복하게 살지는 못했을 것 같다. 때로는 초등교사라고 무시당하는 것이 싫어 떠날 생각도 했었다. 실제로 1970년대 우리나라 경기가 좋아져 많은 회사에서 직원을 뽑을 때 남몰래 입사시험을 본 적도 있었다. 그런데 불행인지 다행인지 나이가 많아서인지 떨어져서 교직을 못 떠나고 말았다. 지금 생각하면 정말 다행이다.

때로는 속상하는 일도 많았고 후회되는 일도 많았다. 그러나 행복한 시간이 많았다. 지금 이 글을 쓰는 순간에도 초롱초롱한 아이들의 눈망울이 떠오른다. 아이들 이름도 선연하게 떠오른다. 그래도 교직에 있었기에 책도 볼 수 있었고 공부도 하여 박사까지 할 수 있었고, 원 없이 강의도 할 수 있었고, 원 없이 글도 쓸 수 있었다.

최고의 방법은 못되더라도 내 방식대로 열심히 가르쳤고 열심히 근무했다. 마지막엔 열심히 노력하는 교원들을 실망시키는 정부 정책 때문에 후배들 보고 너무 충성할 필요가 없다고 농담을 하기도 했지만, 우리는 열심히 일할 때 행복한 것이다.

'바보' 라는 소리를 들으면서도, 또 손해 나는 줄 뻔히 알면서도 원 없이 정부 정책을 비판하기도 하였다. 그게 나의 삶의 방식이었다. 그래서 내 칼럼을 읽은 사람은 한마디로 '시원했다'는 반응이 많았었다. 다음으로 들어오는 반응은 그런 글을 일반 신문에 많이 쓰면 좋겠다는 것이었다. 그러나 원고청탁을 하지 않는데 내가 먼저 쓰겠다고 하지는 않는 것이 또한 나의 삶의 방식이었다.

오해도 많이 받았을 것이다. 속으로는 사랑하면서도 학생들에게 겉으로는 무섭게 했기 때문이다. 그러나 근본적으로 학생을 진실로 미워한 적은 한 번도 없다. 나는 지금도 네 살 된 손자들에게 똑바로 하라고 하다 보니 '할아버지는 그런 말밖에 몰라?'라는 소리를 듣는다. 그러나 45년간 원칙에 충실하려고 했던 바른 말도 대부분 허공으로 날아가 버리고 만 것 같다. 세상은 내가 가르친 것과는 다른 방향으로만 계속 치닫고 있기 때문이다.

그래도 인생을 다시 시작한다고 하더라도 교직의 출발선에 다시 설 것이고, 또 다시 내 방식대로 가르치고 내 방식대로 내 길, 마이 웨이를 갈 것이다.

어쩌다 보니 지금부터 약 30년 전, 교직 생활 14년 때, 박사 공부 떠나기 1년 전인 1978년에 '나의 길'을 말하고 정년을 내다본 글이 발견 되어 여기 옮겨 놓는다.

어떻게 내 길을 갈 것인가

오, 서초동 교사(校舍)로 우리 서울교대가 이전한 지도 벌써 일 년이 지나갔다. 캠퍼스가 바뀌고 또한 교대 재학생들도 해를 거듭할수록 새로워진다. 하지만 역시 서울교대란 우리의 장이고 우리의 발전적 입장에 토대가 된 곳일 것이다. 우리에게 힘을 불어 넣어 주는 교수님들의 따뜻한 손길이며 교육적 참된 가르침이 또 다른 가르침을 낳게 하는 바, 교대인의 새로운 창조적 사고 또는 발전적 사고를 위해 문득 선배들의 경험담과 제언으로 함께해서 서초동 새 캠퍼스의 피어날 꿈을 꿈꾸어 보고자 이러한 지면을 받게 된 것 같다. 우리 대학을 이전한 후로 쓸쓸하기만 했던 캠퍼스도 한창 작업 중인 건물(미비된 도서관, 과학관, 학생회관 등) 공사로 이젠 알을 낳는 보금자리처럼 포근한 느낌을 준다. 알을 낳듯 인재와 올바른 한국 혼을 배양하는 새 교대의 비전을 꿈꾸어 본다. ································[편집자 주]

사회자: 바쁘신 중에 귀중한 시간을 허락해 주셔서 감사합니다. 새 교대상을 정립하는 데 생각해야 할 학문, 특히 그 전문성의 문제를 어떻게 받아들이고 어떻게 현실과 조화시킬 것인가를 얘기하기 위해, 교육대학을 졸업하신 후 교육계 내에서 각기 여러 양상으로 꾸준히 자신의 길을 걷고 계시는 몇 분 선배님들을 모셨습니다. 우선 재학 시절 회고담으로 얘기를 풀어 주시기 바랍니다.

주삼환: 저는 '아동연구회'와 도서관을 왕복하며 2년을 보냈던 것 같아요. '아동연구회'는 본래 색동회를 이어받자는 뜻으로 만들어진 모임이었습니다. 나중에 해체되고 말았지만 처음엔 연구 활동이 활발했어요. 『새교육』 등에 발표한 연구 보고서를 보고 멀리 지방 교대 교수가 찾아왔을 때는 무척 기뻤습니다. 도서관의 경우, 당시 담당 교수나 사서 직원이 없어 학생도서위원이 운영하던 때였죠. 제가 직접 책을 분류하고 대출 카드를 만들고 하면서 글 쓰는 방법이나 연구하는 방법도 많이 배웠습니다.

사회자: 이번에는 교육대학의 현실적 교육과정에 비춘 학문의 문제와 공부하는 자세에 대해 언급해 주시지요. 전문성의 문제와 관련시키면 좋겠습니다.

주삼환: 전문이라는 걸 어떻게 보느냐에 따라 다각적 해석이 가능하겠지만, 우선 초등교육의 전문화가 시급하다는 게 제 주장입니다. 교사가 아동의 성적 처리, 반장 임명, 심지어는 자리 배치까지 위로부터 간섭을 받는 것은 순전히 전문성 결여의 문제로 봐요. 전문의사의 수술대를 병원장이 간섭할 수 있나요? 요즘에 대학원에도 초등교육 전공과가 있고 교육학회 내에 초등교육연구회 결성의 움직임이 보이는 것은 퍽 다행스러운 현상인 것 같습니다 (현재는 초등교육학회가 있음).

주삼환: 교대생을 말할 때 흔히 위축이나 방황을 얘기하지만 사실 지금은 방황하거나 좌절감을 느낄만한 여유도 없는 때라고 봐요. 전력투구해도 남보다 앞서기 힘든 세상 아닙니까? 주어진 조건하에서 누구에게나 부여된 임무의 완수 외에 남보다 서너 시간 더 노력하겠다는 마음으로 2년(지금은 4년제)을 설계하라고 말하고 싶어요. 항상 눈앞의 일에 급급한 데서 혼란이 옵니다.

사회자: 그럼, 캠퍼스를 떠나 실제로 현직에 임했을 때는 상황이 어떻게 변하며 그 속에서 어떤 자세로 자기의 길을 걸어가야 할지 현장의 얘기를 듣기로 하겠습니다.

주삼환: 그렇습니다. 교사가 자기 철학의 기반을 확실히 하는 것이 퍽 절실한 문젭니다. '인간을 어떻게 보느냐' '어린이를 어떻게 보느냐'에 이르면 자기 철학은 곧 인간관이 되고 교육관이나 교육방법, 교육 태도는 이 인간관에 좌우되는 게 아니겠습니까?

주삼환: 저승의 일등 좌석은 역시 초등학교 선생님 차지가 아니겠느냐 하는 생각이 들어요. (웃음)

사회자: 오래지 않아 이루어질 4년제 학제 개편의 전망에 비춘 새 교대의 비전과 이에 대비한 교대인들의 자세는 어떠해야 할지 얘기해 주시기 바랍니다.

주삼환: 사실 교육의 중요성은 누구나 인식하고 있지요. 다만, 당면한 경제, 국방 등 제 문제가 우선 해결 순위로 남아 있기 때문에 교육의 가치성의 발현이 유보되고 있을 뿐입니다. 그러나 먹고, 입고, 자는 당면의 욕구가 조만간 해결되면 그때는 인성 계발과 문화적 여가 활용이 가장 중요한 일이 되죠. 말하자면 교육은 4차 산업입니다. 이미 세계 각국에서는 국방력 경쟁의 시대를 지나 교육경쟁시대로의 도래의 서광이 보이고 있어요. 그때가 되면 교육자는 최고의 대우를 받을 겁니다.

주삼환: 학제 얘깁니다만, 속히 4년제 개편이 이루어져야 해요. 실상 동등한 학력이나 근무 연수를 가지고도 중등 교사에 비해 초등 교사에 대한 연구 수당 지급이나 시설 행정적 지원 등의 면에서 많이 뒤지고 있습니다. 부당하긴 하지만 숫자가 많기 때문에 학제상의 학력이 대우의 기준이 되고 있는 것이지요.

사회자: 새 교대의 미래상 창조는 자기 내실화로부터 시작해야 한다는 것으로 정리하겠습니다. 내실을 위한 재직 중의 편입 진학에 대해 경험들에 비추어 해석해 주십시오.

주삼환: 자기 발전의 방편이 된다면 야간대학에 편입해서 공부를 계속하는 것도 필요한 일일 것입니다. 그 공부가 설혹 가르치는 일에 직접 연결되지 않는다 할지라도 그것은 교단 이면에서 깊은 뿌리와 끊이지 않는 샘의 근원이 되는 것이지요. 어떤 교장선생님

이 대학 영문과에 나가는 선생님에게 그것이 초등학생 지도에 무슨 도움이 되느냐고 힐책했다는 얘기를 들었는데 그건 교장선생님이 조금 잘못 생각하신 겁니다.

주삼환: 스스로 공부할 수 있는 여건이 가장 잘 열려 있다는 데 대해서 서울교대생은 감사해야 합니다. 시골에서 고등학교를 졸업한 제가 서울교대를 찾은 것도 실상 이런 공부를 계속할 수 있는 여건을 찾아서였죠.

사회자: 이제 후배들에게 보내는 조언과 부탁의 말씀으로 얘기의 대듭을 지어 주시기 바랍니다.

주삼환: 멀지 않아 교단에 서게 될 학생들에게 두 가지 부탁을 드리겠습니다. 첫째 쉽게 늙지 말라는 것입니다. 최소한 1년간은 요령을 배우려고 하지 말고 가진 이상과 소신 그대로 해 보라는 얘깁니다. 처음 1년이 아주 중요해요. '커티스'의 조사 보고에 따르면, 미국에서 교직에 실패하고 떠나는 사람들의 대부분이 첫해에 실망했던 것을 이유로 말하고 있어요. 둘째는 참 제자를 키우라는 것입니다. 오랜 후에 정년 퇴임식장에서 '나는 무엇을 했는가'를 말할 때, 손때 묻은 수제자 몇 명을 떳떳이 내놓을 수 있도록 말입니다. 누군가가 가르치는 일을 계속해 왔기 때문에 오늘의 내가 있다는 걸 생각하고 교단에 서면 나에 의해 형성되는 제자들에 대해 좀 더 신중해질 수 있을 것입니다.

사회자: 오늘 좌담회가 교대인들의 묵은 숙제를 풀 수 있는 귀중한 자료가 될 것을 믿습니다. 대단히 감사합니다.

(동심, 제10호, 서울교육대학, 1978. 2.,
서울난곡초등학교 교사 시절 박사 유학을 위해 떠나기 1년 전)

보람으로 산다

정년 2년째를 보내고 있는 이 시점에도 나는 교직을 잘 선택했다고 생각한다. 나뿐만 아니라 퇴직한 친구들도 모두 그렇게 말한다. 어렵기는 했지만 행복했노라고……. 자기만 잘하면 학생들이 좋아하고 학부모도 존경해 주고, 교장도 인정해 준다. 교사의 의도대로 잘 먹혀들어갔을 때 희열을 느낀다. 이 희열과 보람 때문에 교사들은 오늘도 교단에 설 힘이 생긴다.

오늘날 핀란드가 뜨고 있다. OECD 국제교육평가(PISA)에서 부동의 1위를 계속 차지하고, 국가경쟁력 1위, 지속 가능성 1위, 국가행복지수 5위의 나라가 핀란드다. 그 원인을 밝히려고 많은 사람이 달려들고 있다. 근본 원인은 우수한 교사들이 자부심을 갖고 열심히 가르친다는 것이다. 교사가 되려면 석사 이상이어야 한다. 석사과정에서는 가르치는 것을 배우는 것이 아니라 연구하는 방법을 연구하는 것이다. 핀란드 교사들은 주어진(givens) 교육과정과 교과서를 가르치는 것이 아니라 교사 자신이 연구해서 만들어서(made) 가르치는 것이다. 교사가 되려는 경쟁률이 40 : 1이 되기도 한다. 보수가 높아서 교사가 되려고 경쟁률이 높은 것이 아니다. 교사를 존중하고 존경해 주기 때문에 교사가 되려고 하고, 교사가 되면 열심히 연구하여 가르치는 것이다.

핀란드의 학생들은 진심으로 교사를 존경한다. 교사이기 때문에 존경하는 것이 아니라 정말로 잘 가르치기 때문에 가르치는 일과 그 일을 하는 교사를 존경하는 것이다. 교사를 진심으로 존경하기 때문에 학생들은 잘 배울 수 있게 된다. 학부모와 국민도 교사를 존중하고 존경한다. 정부에서도 교사를 존경하고 권위를 인정하고 자율성을 부여한다. 교사에게 모든 것을 믿고 맡긴다. 그러니까 교사는 할 맛이 나고, 할 맛이 나니 성과가 오르는 것이다. 핀란드는 언어에서 가치까지 아시아적이다. 아시아적 가치를 존중한다. 그래서 그런지 우리나라 옛날의 '스승 존중' 가치가 배어 있는 것 같다.

우리나라의 스승 존중 풍토는 다 어디 가고 '철밥통' 만 남아 있는가? 철밥통으로 몰아붙이고, '교원평가' 로 위협을 준다고 교사들이 얼마나 열심히 일하고, 얼마나 더 성과를 올릴 것인가? 평가가 무서워서 열심히 하는 교사를 가지고 얼마나 학생들을 잘 가르칠 것인가? 우리나라 국민과 정부는 생각을 달리해야 한다.

그래도 우리 교원은 가르치는 보람으로 살아야 한다. 정부와 국민, 남이 뭐라고 하든, 남이 알아주든 말든, 묵묵히 나는 나의 길을 갈 뿐이다.

사회 첫발을 내딛는 초임교사에게 내가 했던 말이 여기 남아 있어 옮겨 놓는다.

가르친 만큼 응보받는 직업

-신출 교육동지에게 보내는 글-

3월은 희망의 달이다.

3월과 함께 교단에 첫발을 딛는 많은 젊은 선생님들도 희망에 가득 차 있다. 학생의 신분을 벗어나 사회에 첫발을 내디디며 인생을 설계하고, 학교에서 배운 교육이론을 현장에 적용하고 국가와 사회에 봉사하려는 교육을 설계하는 젊은 선생님들의 가슴은 부풀기만 하다.

먼저, 세상에 많은 호화로운 직업들이 있는데도 우리와 같이 교육에 뜻을 갖고 이 길로 들어서는 교육동지를 진심으로 환영하고, 앞날의 축복을 비는 마음 간절하다.

우리 교육계는 여러 가지로 어려운 여건에 처해 있다. 다른 나라와는 달리 공산주의와 싸워야 하는 남북대결, 경제건설의 절박성 때문에 교육의 중요성을 알면서도 충분한 지원을 받지 못하는 것이 우리의 입장이다. 거기다 가치관마저 흔들리고 교사의 입지는 상대적으로 떨어지고 있다. 보수가 충분한 것도 아니고 권력과 명예가 있는 직업도 아니며, 하는 일이 편하고 쉬운 일도 아니며, 그렇다고 앞날에 밝은 전망이 보이는 장래성이 있는 직업도 아니다. 그러나 가치성이나 공헌도는 그 어느 직업과도 비교되지 않을 만치 좋은 직업이라고 생각된다. 교대나 사대를 택한 사람은 모두 이런 뜻을 가진 분들이라고 생각된다.

교육철학적 기반 튼튼히

똑같은 일을 하는데도 그 사람이 어떤 철학적 바탕을 가지고 있느냐에 따라 겉에 드러나는 행위는 다르게 나타난다. 어떤 철학관을 가지고 있느냐에 따라 똑같은 초등학교 선생님인데도 한 사람은 밖에 나가서 회사원이라고 속이고, 한 사람은 선생으로 봉사한다고 떳떳이 말하는 것이다. 모든 학문의 밑바닥에는 철학이 깔려 있다는 것을 알고 우리는 철학적 기반을 닦아야 한다. 교육을 어떻게 보느냐 하는 교육관에 따라 교육방법, 제도, 수업형태나 방법, 근무 태도까지 달라진다.

또 인간을 어떻게 보느냐 하는 인간관도 이 철학에서 나온 것으로 아주 중요하다. 인간을 어떻게 보느냐, 학생을 어떻게 보느냐에 따라 교육의 교수행위는 엄청나게 달라진다. 훈련을 강조할 수도 있고, 사고력을 강조할 수도 있으며, 인간성을 강조할 수도 있다. 한 장의 학력고사 성적에 집착할 수도 있고, 남과 어울려 사는 것을 강조할 수도 있다.

가치관은 교육에서 말할 수 없이 중요하다. 교사가 어떤 가치관을 가지고 있느냐가 금방 학생들에게 영향을 준다. 어린이는 타인 지향적이기 때문이다. 물질 또는 돈에 가치를 두는 교사는 커서 선생님이 되고 싶다는 초등학생에게 돈도 못 버는 초등학교 교사가 됐다가는 굶어죽기 좋다고 자기비하를 드러내어 모처럼 마음먹고 발표하는 어린 싹을 짓밟아 버릴 수도 있다. 가치관의 혼란은 곧 사회의 혼란을 가져온다고 볼 때 교사의 건전한 가치관은 다른 어떤 사람의 가치관보다 중요하다.

우리가 어떻게 살아갈 것인가 하는 인생관은 학생이나 국가를 위해서도 중요하고 본인 자신을 위해서도 중요하다. 같은 교사 일을 하면서도 어떤 사람은 불만투성이로 불행한 삶을 살고, 어떤 사람은 만족감을 갖고 즐거운 생을 영위할 수 있다.

우리 교사가 이 인생관을 어떻게 갖느냐에 따라 우리 교직은 비난의 대상이 되는 천한 직업일 수도 있고 존경의 대상이 되는 성직이 될 수도 있다.

철학적 바탕은 굳은 신념을 가져온다. 신념이 강한 사람은 오뉴월에 오버코트를 입어도 부끄럽지 않고, 얼굴에 울긋불긋 칠하지 안 해도 된다. 이런 굳은 신념이 없을 때 우리는 흔들리고 유혹에 빠지고, 부조리에도 물들게 되는 것이다.

우리 교육계에 이런 철학이 중요하다고 생각되어 먼저 부탁하는 것이다. 그런데 이런 철학적 바탕이 바르지 못하면 어마어마한 과오를 저지르게 되는 것이다. 똑같은 칼을 어떤 사람은 인술(仁術)에 쓰고, 어떤 사람은 살인(殺人)에 쓰는 것이다. 우리는 바른 철학을 튼튼히 다지도록 노력해야겠다.

전문성을 살리자

농작물이나 식물을 재배하고 동물을 기르는 사람도 이제는 전문가가 아니고는 힘드는 세상인데, 하물며 인간을 교육하는 교사가 전문가가 아닐 수 있겠는가? 교사는 마땅히 전문가라야 한다. 이런 당위성 때문에 우리는 차근히 검토해 볼 겨를도 없이 전문가라고 뽐냈던 것은 아닌가 반성해 볼 필요가 있다.

초등학교에서 학생들의 자리 배치로 학부모가 따지러 온다. 성적 매기는 것 때문에 말썽이 생긴다. 학급임원이 또 문제가 된다. 참고서 추천이나 권장도 말썽이다. 갖가지 잡무로 많은 시간을 할애한다. 초등학교 졸업생이나 중학교 졸업생이면 할 수 있는 일을 교사가 하면서 많은 시간과 정력을 쏟는다면 전문가라고 할 수 있는가? 현대사회에서 중학교, 고등학교 학력을 가지고 전문가라고 자처하면 남이 인정해 줄 것인가? 사실상 초등에서 고등학교 학력의 교사가 하는 짓과 대학원의 전문교육을 받은 교사가 하는 짓

사이에 두드러진 차이가 있는가? 또 지위나 보수에서 전문가 대우를 받고 있는가? 이런 점에서 물음표를 자주 붙여야 하기 때문에 우리 교권은 도전받고 있는 것이라고 본다. 학생의 성적과 좌석문제까지 남의 참견을 받아야 한다면 이것이 전문가가 한 짓이라고 할 수 있으며 전문직이라고 감히 말할 수 있을 것인가. 이렇게 교육 외부에서는 교직이 전문직이라는데 도전해 오고 있는 것이다.

그러나 어떻게 보면 분명히 교사를 전문가라고 믿고 있는 것 같다. 여섯 살 먹은, 집에서는 망나니 짓을 도맡아 하던 코흘리개 80명(이 글을 쓸 당시 도시 학교 한 학급 학생수)을 교사 한 사람에게 맡겨 놓고 한글도 가르치고 산수(지금의 수학), 미술 등등을 모두 잘 가르칠 것이라고 믿고 있으니 말이다. 아마 교사가 전문가가 아니라면 공부는 고사하고 제멋대로 하는 놈들을 울리지 않고, 싸우지 않게 하고, 오줌 똥 싸지 않게 하고 데리고 놀기만 한다 해도 힘들 것이다. 이렇게 해 놓고도 잘했네 못했네 하는 걸 보면 분명 교사를 전문가로 믿고 있는 모양이다.

그러면 전문직이란 무엇인가? 김종철(金鍾喆)[1]은 전문직으로 간주될 수 있는 지표 7가지를 들고 있다.

- 전문직은 고도의 지성을 요구하는 정신적 활동을 위주로 한다.
- 전문직은 그 직업에 들어가려는 자에 대하여 엄격한 자격기준을 세우는 것을 특징으로 한다.
- 전문직은 그에 필요한 교육과 훈련이 단순한 지식이나 기술의 수득이 아니고 심오한 학문의 이론과 그 응용에 기초를 두고 있는 것을 특징으로 한다.

- 전문직은 이기적 활동보다는 애타적 동기를 중요시하는 봉사활동임을 특징으로 한다.
- 전문직은 그에 종사하는 자가 고도의 자유를 가지는 반면에 중대한 사회적 책임을 느끼는 것을 특징으로 한다.
- 전문직에 종사하는 자들은 스스로 자체의 행동을 규율하는 윤리강령을 가지고 있다.
- 전문직에 종사하는 자들은 자율적인 조직체를 통하며 사회적 · 경제적 지위를 향상시키고 그들의 전문성을 제고하도록 노력함을 특징으로 한다.

리버먼(M. Lieberman)[2)]은 전문직의 기준으로 8가지를 들고 있으나 앞에서 제시한 것과 비슷하다. 교사는 전문직의 기준에 비추어 볼 때 전문직으로서의 형식은 모두 갖추고 있는 셈이다. 그러나 현실은 여러 모로 전문직에 침해를 받고 있는 것도 사실이다. 병원장은 전문의사에게 이렇게 수술해라 저렇게 치료해라 하고 지시하지 못한다. 대법원장이라도 판사보고 이렇게 판결을 내려라 저렇게 법을 적용하라고 하지 않는다. 목사보고 이렇게 설교하라 저렇게 설교하라 하고 목사에게 설교하는 사람은 없다. 그러나 교장은 지나는 길에 힐끔 교실을 보고 수업을 평가해 버린다. 같은 교직에 있으면서 교사의 전문성을 무시하는 것이다. 한 시간의 수업을 하기 위한 학습지도안을 부장교사, 교무, 교감, 교장 순서로 사전에 결재를 받아야 하는 것이 우리의 현실이다.

전문성을 기르기 위해서는 피나는 노력이 따른다. 전문의가 되기 위해서 얼마나 많은 과정을 거쳐야 하는지 우리는 잘 알고 있다. 그렇게 어려운 과정을 거친 전문의는 누구의 간섭도 받지 않는 자율성을 누리며, 그 대신 자기의 행위에 대한 책임을 지는 것이다.

우리 교사가 존경을 받고 고도의 자율성을 누리기 위해서는 우리 교사의 피나는 노력이 따라야 한다. 대학에서 배운 것만 가지고는 안 된다. 계속 연구하고, 실력을 기르기에 땀을 흘려야 한다. 자기가 알고 있는 지식을 마치 고깃간 주인처럼 살점을 저며 파는 것이 교직이 아니다.

전문성 기르기에 노력하라. 관료 직원은 지시받는 것을 하고 전문가는 자기가 해야 할 일과 어떻게 처리해야 한다는 것까지 아는 것이다.

지나친 현실 타협 말자

이 말은 현실에 적응하지 말라는 말은 아니다. 상아탑에서 배운 이론을 현장에 적용해야 한다는 뜻이다. 어떤 사람은 이론과 현실이 맞지 않는다고 한다. 이런 말은 이 세상에 존재할 수도 없고, 현실을 떠난 그런 이론은 있을 수도 없다. 참이론은 현실을 바탕으로 해야 한다. 광복 이후 수많은 교육이론을 학자들이 도입해 왔으나 우리의 현실은 아직도 구태의연하다. 물론 부분적으로 우리 것이 된 것도 있을 것이다. 이런 이론은 엄격한 의미에서 이론이 아니다. 이론은 사실을 바탕으로 한다. Fact(사실) ⇨ Concept ⇨ Presumption ⇨ Assumption ⇨ Theory(이론) ⇨ Law로 발전하기 때문이다. 그런데 현실에 바탕을 두지 못한 이론을 우리 교사들에게 마구 내밀어 우리 교사들의 머리만 혼란하게 한다. 어떻게 보면 교사들을 무시한 처사인 것이다. 이는 전문성이 약하기 때문인 이유가 더 크다. 우리는 치밀한 계획하에 이론을 끈질기게 현장에 적용하는 데 연구를 게을리 해서는 안 되겠다.

다음에는 요즈음 젊은이들이 쉽게 현실에 물든다는 평을 듣는다는 점을 지적하고 싶다.

젊은이의 패기와 정력을 버리고 기성세대에 휩쓸려 물질에 지나치게 물들고, 요령만 부린다는 것이다. 우리가 살아가는 데 물질을 무시할 수는 없으나 용납 안 되는 위치에서 이쪽으로 눈을 돌리게 되기 때문에 부조리를 낳고 비난의 대상이 되고, 전문인으로서의 긍지를 잃는 것이다. 정당한 보수를 받기 위해서 정당한 방법으로 노력하는 것은 좋지만 소위 부수입이라는 데 눈을 돌려 추한 모습을 보여서는 안 된다. 일부 장사꾼이 부조리한 일을 한다고 해서 교육자도 부조리할 수는 없다. 장사를 하다보면 거짓이 있을 수 있고, 거짓하여 돈을 벌 수도 있으나, 교육자가 교육한다며 거짓할 수는 없는 것이다. 군인과 교육자가 부패하면 그 나라는 망하는 것이다. 교육자는 국가의 운명을 걸머진 최후의 보루라고 보면 틀림없다. 그것은 기성세대가 썩어도 싱싱한 젊은이와 어린이를 길러낼 수 있는 것은 바로 교육자이기 때문이다. 그렇기 때문에 그만큼 국가와 사회는 교사의 지위를 올려 줘야 하는 것이다. 우리가 우리 자리를 지키지 못하고 부조리에 휩쓸리게 되면 1975년도와 같이 추한 면을 보이고, 결과적으로 많은 교육자가 사기를 잃게 되는 것이다.

지금은 젊지만 우리 젊은이가 언젠가는 교육계에서 헤게모니를 쥐게 될 때가 올 것이다. 젊어서 옳지 못한 현실에 물든다면 나중에 높은 지위에 선다 해도 어떻게 조직 구성원들을 다스릴 수 있겠는가? 결코 떳떳한 소리 한 번 못할 것이다.

우리 젊은이는 먼 훗날을 보고 성실하게 터를 닦아야 한다. 부지런히 터를 넓게 닦아서 인정을 받게 되면 그 넓은 터에서 마음대로 행동하고, 크고 멋있는 교육을 설계할 수 있다.

그러나 눈치 보고, 요령을 피우고 높은 사람의 눈만 피한다면 그는 비좁은 활동 범위에서 제대로 성장하지 못한다는 점을 우리는 명심해야 한다.

교육이란 끝이 없고 한이 없다. 잘 하자면 밤을 새워도 부족하고, 수업시간이나 근무시간만 때워 보내자고 마음먹으면 쉬울 수도 있다.

새 출발을 하는 선생님께 나쁜 면의 현실과 타협하지 말고, 먼 훗날 질서정연한 우리의 세계를 내다보고, 바보와 같이 성실하게 일하자고 부탁하고 싶다. 현실에 휩쓸리지 않기 위해서는 용기가 필요하다.

참다운 제자를 키우자

농부는 봄에 씨를 뿌리고 여름에 땀 흘려 가꾸면, 가을엔 반드시 황금 물결치는 들판을 바라보고 만족해하며 결실을 거둬들인다. 그러나 우리 교사의 수확은 그렇게 눈에 잘 드러나지 않고, 게다가 손으로 잡기는 어렵다. 선생은 많아도 스승은 적고, 학생은 많아도 제자는 없다는 것이 우리의 현실이다. 젊어서 부지런히 무엇인가 한 것 같은데 정년퇴직하고 나면 남는 것이 없다. 따르는 제자도 없고 존경해 주는 후배 교사도 없다고 할 때 우리는 무엇을 했다고 내세울 수 있겠는가? 물론 대가를 바라느냐고 반문하면 그만이지만, 40년을 교육했으면 몇 명이라도 따르는 제자가 있어야 할 것이 아닌가? 경사(經師)는 되어도 인사(人師)는 되지 못했기 때문이 아닌가? 그렇다고 사병(私兵)을 키우자는 이야기는 아니다. 우리가 덕(德)으로 키우지 못하고, 정(情)으로 키우지 못하면 제자들로부터 편지 한 장 못 받는 것이다. 손때 묻은 인간교육을 하지 못하기 때문에, 지식을 파는 교육을 하기 때문에, 청소년 문제는 사회문제가 되지 않나 생각한다.

우리가 돈을 벌려고 교사가 된 것도 아니고, 권력이나 명예가 호화로워서 교직에 들어온 것도 아니다. 그렇다고 편하자고 교사가 된 것도 아니다. 그렇다면 우리가 할 일은 무엇인가? 우리는 어떻게 보면 정신적 이슬을 먹고 산다고 봐야 한다. Lortie는 이것을 정신적 만족, 심리적 만족이란 말로 표현하고 있다. 우리는 정신적으로 보상받는 것이다. 이것마저 실패한다면 우리 교육자로서의 인생은 실패하는 것이다. 그래서 새 출발하는 교사들에게 참다운 제자를 키우자고 하는 것이다. 1년에 한 명씩이라도 좋으니 불우한 제자를 바로잡아 주고 착한 사람을 키워야겠다는 마음의 준비를 하고 희망의 교단을 첫출발하라고 부탁하는 것이다.

새로운 교육동지를 맞으며 가벼운 이야기를 한다는 것이 딱딱하게 되었다. 그러나 부탁한 네 가지는 교단에 먼저 들어온 사람으로서 평소에 생각하던 것이다. 이 기회에 한번쯤은 교육에 새 출발하는 분들과 함께 우리 교사들 모두가 생각해 봤으면 하는 심정이다.

한 원시인이 고목 그루터기에 앉아 토템폴에 무엇인가 열심히 새기고 있다. 한 꼬마 원시인이 활을 메고 살그머니 곁에 와서 바라보고 있다. 정신을 잃고 조각에 도취되었던 이 원시인은 잠깐 일을 멈추고 이 소년을 곁에 앉게 하고 무엇인가 열심히 가르치고, 또 연습도 시킨다. 가르치는 대로 했을 때에는 무릎을 치며 쾌재를 부르짖는다. 이 장면을 가만히 머릿속에 그려보면 우리 인간은 자기가 알고 있는 것을 남에게 가르치고자 하는 기본적 욕구가 있지 않은가 생각된다. 남이 모르는 것을 내가 알고 있을 때 우리는 그것을 자꾸 남에게 말하고 싶은 충동을 느끼는 것이다. 그림을 그리는 사람이 그림에 도취하고 음악가가 음악에, 시인이 시에 도취했을 때 행복하듯이 우리 교사가 수업시간에 나를 잊고 예리한 젊은이와 어린이의 눈동자에

도취됐을 때 인생 최대의 행복을 느끼며 우리는 남들이 채우지 못하는 남을 가르치고자 하는 욕구를 마음껏 채울 수 있다는 점에서 여러분은 교육자의 길에 잘 들어왔다고 살그머니 얘기해 주고 싶다.

(교육평론, 통권 제209호, 1976. 3월호,

서울은천초등학교 교사 시절)

주

1) 김종철, 교육행정의 이론과 실재(서울:교학사, 1965), pp. 30-31.

2) 진원중, 교육사회학원론(증보판)(서울:법문사, 1972), pp. 331-332.

내 귀여운 것들

내 책상 위에 놓인 꽃병을
귀여운 것들이 쓰는
거울 앞에 놓는다.
꽃병은 어느새 내 책상으로
옮겨진다.
내 귀여운 것들의 짓이지
어쩌다 비나 걸레를 들면
이놈 저놈이 달려와서
큰일이나 난 것처럼 빼앗아
버리는 내 귀여운 것들.

화가 머리끝까지 났다가도
엉뚱한 질문과 엉뚱한 태도에
웃음을 토하게 하는
내 귀여운 것들.
동화를 듣다가도 눈물이 찔끔,
우습지도 않는 것 같은데
까르르……
얘기 보따리 좀 풀러달라는
내 귀여운 것들의 애원.
하루 8시간 480분을
꼿꼿이 앉아 있어도
불평 없이 진리탐구하는
내 귀여운 것들의 눈동자.
점심을 먹느라 한입 들었는데도
책을 들고와 질문하고 대답을
기다리는
내 귀여운 것들.
밥이나 넘기고 대답하자.
별로 실수한 것 같지 않은데도
풀이 죽어 고개가 숙여져 있다.
괜찮대도 용서를 비는
내 귀여운 것들.
내 주전자에 물이 비워져 있나

살그머니 와서 들여다보고 가는

내 귀여운 것들.

내 귀여운 것들에 팔려

오늘도 시간 가는 줄 모르겠구나.

내 귀여운 것들아

참되고 잘 자라거라.

(은로어린이, 1969. 5. 23.,

서울은로초등학교 교사 시절)

시간은 생명이다

여러분! 이 세상에서 가장 귀한 것이 무엇일까요?

돈이라구요? 아니 쌀이라구요? 그것보다 금이 더 중요하다구요? 글쎄 나도 모르겠어요.

그 얘긴 잠깐 그만두고요. 아저씨가 외국에 가신다고 해서 어머니 아버지와 비행장으로 나가기로 했습니다.

아버지께서는 시간이 늦겠다고 하시며 택시를 빨리 몰라고 운전기사 아저씨에게 부탁합니다.

비행장에 막 도착하여 보니 금방 하늘로 떠오르고 있는 저 비행기에 아저씨가 타고 계시다는 것 입니다.

불과 몇 십 초 늦어서 먼 나라로 떠나시는 아저씨를 못 만났다고 온 식구가 울상입니다.

이야기는 바뀌어 어떤 사람이 교통사고, 아니 교통사고가 아니래도 좋습니다.

갑작스러운 병으로 병원차에 실려 병원에 도착하였습니다.

의사의 진찰이 끝나자 조금만 일찍 오셨으면 살 수 있었을 텐데 늦었습니다.

여러분! 이 짧은 시간이란 게 얼마나 중요합니까?

한 생명이 죽고 살고가 그 짧은 시간에 달려 있지 않습니까? 그래서 전에는 시간은 금이다 돈이다 했는데 이제는 그보다 더 중요한 생명이라고들 하는 것입니다.

여러분은 시간이 이렇게 중요하다는 것을 느껴 보았어요?

시간은 여러분에게 얼마든지 있습니다.

여러분은 그 시간을 잘 이용해야 합니다.

무조건 공부만 해도 안 되고 놀기만 해도 안 되고 운동만 해도 안 됩니다. 적당한 시간표에 의해서 시간을 잘 이용할 줄 알아야 합니다.

시간표를 만들어 그대로 지킵시다.

그래서 꼭 성공합시다.

남기고픈 말

감사와 최선을

친구!

산을 찾아보니 앙상한 나뭇가지엔 바람이 싸늘하고 떨어진 낙엽만이 뒹

구는 것을 보면 정녕 초겨울에 접어들었나 보네. 겨울이 되면 나의 국제대학으로 향하던 발길이 멈춰지게 되네. 오늘도 서대문 네거리의 밤길을 걸으며, 피곤한 몸을 만원 버스에 싣고 한강 다리를 건널 때 오색찬란한 불빛이 한강 가에 물그림자 지는 걸 보며 나는 많은 생각에 잠겨 차창을 내다본다네. 내가 그리고 그리던 대학, 얼마나 갈망하던 곳이었던가. 그곳을 떠나게 되는 지금 오직 '나는 감사하는 마음과 최선을 다한 것' 은 다 제 처자가 나의 발길을 지켜 주었고, 직장의 동료상사가 도와주었고, 친구들은 나를 격려해 주었고, 은사님께서는 갈 길을 바로잡아 주셨다네.

이제 감사에 보답하기 위해 최선을 다하는 결세. 나에겐 원숭이와 같은 재주가 없어 줄을 탈 줄도 모르네. 오직 바보와 같이 일하고 배우며, 황소와 같이 꾸벅꾸벅 일하며, 우연의 선물을 바라지 않고 착실하고 성실하게 주어진 조건에서 발버둥 치고, '천천히 그러나 꾸준히' 내 건강이 허락하는 한 최선을 다하는 결세. 넘어지고 가시밭에 쓰러져도 '한 조각의 심장' 만 붙어 있어 준다면 다시 일어나 정상을 향해 부모가 주신 이 두 다리로 한발 한발 정확히 디뎌 산행을 계속하려네. 그래서 내 인생일기의 마지막 페이지엔 '후회는 없다. 최선을 다했노라.' 고 쓰고 싶네, 오늘은 내 말만 했군, 이 밤도 안녕.

(국제대학보, 1971. 11. 30.,

국제대학 졸업을 앞두고 서울은로초등학교 교사 시절)

교육은 최후 보루

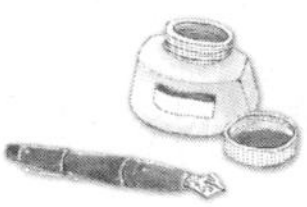

교육은 국가를 지키는 마지막 요새라는 생각을 하고 있다. 군인과 경찰이 최일선에서 국가를 지키고 그 뒤를 산업과 경제가 뒷받침을 해 줘서 국가를 부흥시키고 있지만, 군인과 경찰, 산업 일꾼과 기업인과 경제인도 마지막엔 교육에서 길러내기 때문에 교육은 국가를 지키는 마지막 요새라고 한 것이다. 교육에서 사람, 인재를 제대로 길러내지 못하면 마침내 그 나라는 망하고 만다. 사실은 이렇게 말하면서도 교육 뒤에 정신세계를 맡고 있는 성직자들을 감춰 두고 있었다. 그런데 때로는 성직자들마저 국민을 실망시키는 일이 자주 있어 교육을 최후의 보루라고 해도 크게 틀리지 않을 것 같다. 또 성직자도 부분적으로는 교육에서 길러지고 있는 셈이다.

우리나라는 유별나게 교육을 중시해 왔다. 내가 미국에 가서 교수와 대학원을 대상으로 하는 발표에서 평생학습(life-long learning) 기간이 언제부터 언제까지냐고 상식적인 질문을 던진 적이 있다. 모두 요람(cradle)에서 무덤(tomb)까지라고 대답했다. 출생에서 사망까지라는 것이다. 정말 그렇게 생각하느냐고 내가 반문한 다음 우리나라에서는 출생 이전부터 교육을 시작했다고 했더니 눈치빠른 몇몇 사람은 "아, 한국에는 태교가 있지." 라고 하면서 출생 전 교육(pre-born education)인 태교를 인정하였다. 나는 이 태교를 일부러 비학술 용어를 써 무식하게 '자궁교육(womb education)'이란 말을 썼다. 그런 다음 평생학습 기간이 언제부터 언제까지냐고 다시 질문했다. 임신(pregnant)부터 사망(death)까지라는 대답이 나왔다. 나는 우리나라에서는 아니라고 하였다. 미국인들은 의아한 눈초리로 나의 다음 이야기를 기다리고 있었다. 우리 조상의 평생학습 기간은 무한대라고 하면서 돌아가신 분들을 '학생(學生)' 이라고 부른다고 하면서 제사지낼 때의 '현고학생부군(顯考學生府君)' 을 설명하면서 우리나라에서는 돌아가셔서도 영원한 학습자 '학생' 이라고 농담삼아 이야기하였다. 그러면서 죽어서 하는 교육을 '무덤교육(tomb eduction)' 이라고 하면서 앞에서 말한 '자궁교육(womb eduction)' 과 운을 맞추었다(womb ⇨ tomb). 사실 평생(life)이기 때문에 죽은 다음의 '무덤교육' 은 포함이 되지 않겠지만 어떤 면에서는 우리 조상은 생(生)과 사(死)를 연결로 본 셈이기도 하고 태교와 죽은 사람을 학생이라고 한 것을 보면 우리 조상들은 남달리 교육을 중시한 것 같다.

우리는 교육의 뒷받침으로 늦게나마 산업화에 성공하였다. 그리고 IT에서도 강점을 보이고 있다. 그러나 창의와 정신, 문화, 윤리에서 약점을 보이고 있다. 우리나라 교육의 한계가 여기까지인 것 같다. 우리는 이 한계와 벽을 뛰어넘어야 한다. 이 벽을 넘지 못하고 이것을 지키지 못하면 우리나라는 2등, 3등 국가로 무너지게 된다.

그래서 교육은 국가를 지키는 최후의 보루라고 한 것이다.

교육으로 일으켜 세운 나라를 교육으로 까먹지 않을까 걱정한다. 사교육 망국론, 교육 불신 망국론이다. 쓸데 없(적)는 교육에 국가적, 국민적 에너지를 낭비하고 있기 때문이다. 우리는 지금 『많이 가르치고도 실패하는 한국교육』(나의 한 책 이름)을 하고 있는 것이다. 이대로 가다가는 교육 때문에 나라 망한다고 하게 생겼다.

여기에 교사 시절에 썼던 칼럼이 발견되었다. 30년 전 교사 시절의 글이지만 정년을 한 지금 생각이나 별로 다를 바 없다.

국가수호 교육자가 최후 보루

럭키 세븐의 1977년은 우리 교육계에도 많은 발전과 교육의 성과가 있었을 것이다. 이러한 성과를 잴 수 있는 잣대가 없어 뚜렷이 제시하지 못할 따름이다. 또한 우리가 깊이 반성하여 발전의 디딤돌로 삼아야 할 점도 있다.

첫째, 하라는 대로 우리 교사들은 가정통신문까지 내면서 학교급식을 권장했다.

영양에도, 체력에도, 식생활 개선에도 좋으니 사먹으라고……. 이런 교사의 권장과 지도가 없었더라면 명석한 요즈음 아이들이 맛없는 빵을 사 먹었을 리 없다. 그런데 그것이 결과적으로 병균을 먹으라고 권장한 셈이 되었다(이때 서울 시내에 대규모 급식 사고가 있었다). 천진한 아이들은 교육감이 물러나고 제빵회사 관계자가 처벌받는 데 관심을 가질 리 없다.

"우리 선생님이 사람 죽는 그런 빵을 사 먹으라고 했으니…… ?"라고 할 것이다. 말 못하는 위대한 스승의 권위는 어디서 찾을 것인가? 이 해는 저무는데, 여기서 추락된 교사의 권위보상 얘기는 나오지도 않는구나.

둘째, 교사와 학생이 성경처럼 모시던 검인정교과서에 부정으로 얼룩진 수많은 사연의 보이지 않는 글씨가 씌어져 있었으니 거기서 무엇을 배우고 무엇을 가르쳤을 것인가? 그 교과서에서 출제하고 훌륭한 인물들을 선발도 하고…….

셋째, 직속부하 교사들 보고 부정하지 말라고 당부도 하고, 시퍼런 지시의 공문을 내던 ××장(長)님이 사표를 냈는데 그 뒷소문들이 아름답지 못하다면 교사들은 그 지시를 잘 따를 것인가?

배신당한 느낌일 것이다. 나는 부정할 테니 너희만은 깨끗하라는 격이다. 글 쓰는 나 자신도 '나는 부정할 테니 어린이 너희는 정직하라'고 하지 않았는지 이 순간 생각해 봐야겠다.

이제 교사의 입장에서 고쳐져야 되겠다고 느낀 점을 제시하고자 한다.

첫째, 바탕교육이다.

5천 년 역사를 가진 문화민족임을 자랑하고, 또 1천 달러 국민소득의 발전한 나라 대한민국의 심장부 수도 서울 한복판에서 '가래침 안 뱉기', '휴지 안 버리기', '차례로 줄서기'란 창피한 슬로건은 언제 없어질 것인가? 서울 시민이 모두 대학을 나와야 없어질 성질의 것인가? 6년간의 의무교육 가지고는 안 고쳐질 것인가? 이런 바탕교육이 안 된 채로는 학문중심 탐구학습을 아무리 해도 안 될 것이다. 어른이 길거리에 담배꽁초를 버리고 초등학생은 그것을 뒤쫓아 다니며 줍고, 그 초등학생이 어른이 되어 다시 그 길거리에 담배꽁초를 버리는 그런 악순환을 깊이 반성해야 한다.

세계적 현상인 가치관의 혼돈 속에서 우리나라가 이 정도나마 사회질서를 유지하고 있는 것은 그래도 유교적, 불교적 가치관의 뿌리가 깊이 박혀 바탕이 튼튼하였기 때문이라고 본다. 바탕을 다지는 인간을 매만지는 교육이 절실히 요구된다.

둘째, 융통성 있는 행정이 되어야겠다.

학급당 80명까지 넣어 놓고 6년이란 정해진 시간 동안 휙 돌려서 한글을 아는 놈이나 모르는 놈이나 내보내는 제도, 1학년도 6학년도 일률적으로 80명이니 1학년 때 한글을 못 익힌 아동이 6학년에서 배울 수 있을 것인가? 1, 2학년에서는 30~40명으로 줄여서 집중적으로 한글만이라도 똑똑히 가르치고 4~6학년은 85~90명으로 그 수를 늘려서 가르치면 어떨까? 의무교육을 마치고도 그 나라의 신문을 못 읽게 만들어 놓는다면 무엇인가 고쳐져야 한다.

셋째, 자율성과 책무성의 문제라 하겠다.

결국 교육은 누가 하는가? 교육이론 학자가 하는가? 행정가가 하는가? 학생과 직접 의사를 소통하는 일선교사가 하는 것이 아닌가. 실험을 거치지 않은, 또는 실험을 했다고는 하나 모두 결과를 좋게 만들어 놓은 수많은 이론이 교사들에게 던져졌는데 뿌리를 내린 것은 무엇인가? 그렇게 많은 행정 지시가 계속 시달되었는데 교육은 바르게만 되었는가? 교사를 부려먹되 지시만 하여 그 지시한 것만 하게 할 것이냐, 아니면 알아서 일을 하게 할 것이냐를 깊이 따져 봐야 할 것이다. 교사들은 많은 지시가 내려오면 시퍼런 칼날이 서 있는 무서운 순서대로 일을 처리할 것이다. 결국 눈에 보이지 않는 수업은 등한시하게 될 것이 아닌가? 그것도 또 시퍼런 명령으로 '학습부진아 일소'란 공문을 내면 갑자기 점수는 올라가고 학습부진아는 하루아침에 서류상으로 없어질지 모른다. 책임이 무서우니까 말이다. 이런 식으로 갈팡질팡하게 하는 행정은 문제다. 차라리 교사 소신껏 어려운 여건이지만 인간을 키워 달라고 부탁하는 편이 훨씬 나을지도 모른다. 대신 자기가 택한 행동에 대하여는 책임을 지게 하는 편이 나을지도 모른다.

넷째, 초등경시풍조도 제거되어야 하겠다.

같은 학력, 같은 경력인데도 초등교사가 중등교사보다 호봉과 연구수당에서 불리하다. 그 이유는 무엇인가? 초등교육이 덜 중요해서인가? 초등교사의 수가 많아서 돈이 많이 들기 때문인가? 그것이 초등교사의 죄인가? 근무부담도 초등이 많다. 초등학교 1학년 가르치는 것이 중 · 고등학교 3학년을 가르치는 것보다 쉬워서인가? 전문성이 약해서인가? 같은 교장인데 판공비는 초등이 왜 적은가? 학교시설은 왜 어린 아이들을 수용하는 초등학교가 불리한가?

어린 아이들 5, 6천 명 수용하는 초등학교와 2, 3천 명 수용한 중 · 고등학교의 용인 청부(당시는 심부름, 청소원을 이렇게 불렀다)의 숫자는 어디가 많아야 하는가? 교육부와 교육청의 교육 행정직이라는 자리는 거의 중등에서 차지한다. 이런 속에서 초등교사의 사기는 높아질 것인가? 고쳐져야 한다.

이런 것들은 언젠가는 고쳐질 것으로 본다. 떠벌려 놓는 표어 행정보다 옳은 정책이라면 한 가지라도 수십 년, 수백 년 밀고 나가는 교육을 했더라면 이제 와서 바탕교육의 문제는 안 나왔을 것이다. 군인이 총을 들고 국토를 지키고 산업역군이 망치로 조국을 건설하는 이상 교육자는 정신력으로 국가와 민족을 이끈다. 교육자는 국가를 수호하는 최후의 보루다. 교사의 소리도 한낱 불만으로 처리되어서는 안 된다. 긍정적으로 받아들여 발전의 디딤돌이 되어야 할 것이다.

(새교육 신문, 1977. 12. 26.,
서울난곡초등학교 교사 시절)

찾을 곳에서

밤이 제법 깊었는데 어느 동네의 골목 희미한 보안등 밑에서 약간 술취한 듯한 젊은이가 무엇인가 열심히 찾고 있다. 그 골목길을 지나 늦게 귀가하던 한 중년신사가 무엇을 찾는가 궁금도 하고 또 좀 도와줄 수 있으면 도와줘야겠다는 생각에서 묻는다.

"젊은이, 이렇게 추운 밤에 무얼 그리 열심히 찾고 있소?"

"대문 열쇠요."

신사도 엎드려 한참 동안 같이 찾아보았으나 열쇠는 보이지 않았다.

"아무리 희미한 불빛이라도 이 정도 뒤져 봤으면 바늘이 아닌 이상 찾았을 법한데……, 그런데 젊은이, 열쇠를 여기서 잃어버렸소?"

"글쎄, 모르겠어요. 어디서 잃어버렸는지요."

"그럼 왜 여기서 찾고 있소?"

"여기가 환하니까요."

자기 집을 두고도 열쇠가 없어서 못 들어가고 밤늦게 추운데 떨면서 열쇠를 찾고 있는 젊은이가 안타깝기도 하다.

열쇠를 찾아 집으로 들어가겠다는 목적이 분명한 것만은 정말 다행이다. 무얼 찾고 있는지조차 몰랐더라면 더 큰일 날 뻔 했는데. 그러나 엉뚱한 곳에서 열쇠를 찾고 있다. 목적은 좋았으나 방법이 엉뚱하다.

우리 젊은이 중에 이 열쇠를 찾고 있는 사람처럼 쉬운 곳, 편안한 곳, 훤한 곳, 안이한 곳에서 인생의 목적, 대학 생활의 목적 같은 것들을 찾고 있는 사람은 없을까? 훤한 곳, 쉬운 곳, 넓은 길만 찾아 나섰다가 엉뚱한 곳에 도달하게 될 젊은이는 없을까? 열쇠와 같이 귀한 것은 어두운 곳에 감추어져 있는 수가 많다.

쉬운 곳에서 찾다가 비슷한 것을 찾아 가지고 진짜 찾을 것을 찾은 것처럼 기뻐하고 있는 사람은 없는지? 열쇠 같은 것은 조금만 틀려도 아무 쓸모가 없고, 전화번호는 한 숫자만 틀려도 엉뚱한 집이 나오며 컴퓨터에서는 점 하나만 틀려도 말을 듣지 않거나 엉뚱한 결과를 내놓는다.

비슷한 것이 통할 때도 있으나 정확과 정밀만이 통할 때가 더 많다.

찾아야 한다는 데 너무 집착하다보니 근본 목적을 잊거나 본말이 전도되는 경우도 있다. 과대표다 서클활동이다 과외활동에 열심히 하다 보니 강의는 뒤로 밀려나게 되는 사람 말이다.

대학생이 되다보니 무슨 임원이 된 것인지 아니면 임원이 되기 위해서 대학에 온 것인지 구별이 안 되는 학생, 학점을 따기 위해서 대학에 온 것인지 아니면 대학생활을 하자니 학점을 따야 하는지? 장학생이 되기 위해서

대학에 온 것인지, 아니면 열심히 하다 보니 장학생이 된 것인지?

또 어떤 학생은 교수를 위해서 열쇠를 찾고 있는 것으로 착각하기도 한다. 교수를 위해서, 부모를 위해서 공부하고 과제를 제출하는 것으로 생각하는 것 같다. 물론 부분적으로 맞다. 그러나 공부뿐만 아니라 인생 전체가 근본적으로는 남을 위해서 사는 것이 아니고 나 자신을 위해서 사는 것이다. 이 세상에 남을 위해서 태어난 사람은 한 사람도 없다. 열심히 자기 삶을 살다보니 다른 사람에게도 도움이 될 뿐이다.

우리는 흔히 무엇인가에 열심하고, 빠지고, 미치다 보면 근본적인 것을 잊기 쉽고, 너무나 열심히 무엇인가 찾다보면 수단과 방법이 알맞지 않은 수가 있다. 그래서 우리는 가끔가다 내가 하고 있는 일의 목적과 수단, 근본적인 것을 점검해 봐야 한다.

✿✿✿

내가 지금 찾고 있는 것이 무엇인가? 그것을 찾을 곳에서 올바른 방법으로 찾고 있는 것인가? 또 누구를 위해 찾는 것인가?

(충남대신문, 제549호, 1983. 11. 28.,

대학교수 2년차 시절)

저자 소개

주삼환

〈약 력〉

충남 당진 신촌초등학교, 합덕중학교, 합덕농업고등학교 졸업

서울교육대학교 졸업, 서울대학교 교육대학원 교육행정전공(석사)

미국 미네소타 대학교 대학원 교육행정전공(박사)

서울시내 초등교사 약 15년, 충남대학교 교수 약 25년, 한국교육행정학회장 역임

미국 오하이오 주립대학교 객원교수, 한국대학교육협의회 파견교수, 인문사회연구회 이사 역임

현재 충남대학교 명예교수

〈저서 및 역서〉

미국의 최우수학교 블루리본 스쿨(공저, 학지사, 2009)

교육행정 및 교육경영(4판, 공저, 학지사, 2009)

리더십 패러독스(공역, 시그마프레스, 2009)

도덕적 리더십(역, 시그마프레스, 2008)

한국대학행정(시그마프레스, 2007, 문화체육관광부 우수도서)

교육행정 사례연구(공저, 학지사, 2007)

교육행정철학(공저, 학지사, 2007)

한국교원행정(태영출판사, 2006, 문화체육관광부 우수도서)

학교경영의 이론과 실제(공저, 학지사, 2006)

미국의 교장(학지사, 2005)

교육의 질 향상을 위한 장학의 이론과 기법(학지사, 2003)

이 외에 한국학술정보(www.kstudy.com) 주삼환 교육행정 및 장학 시리즈 도서 35권

Ⅰ. 교육 칼럼 및 비평 시리즈

Ⅰ-1 우리의 교육, 몸으로 가르치자
Ⅰ-2 많이 가르치고도 실패하는 한국교육
Ⅰ-3 위기의 한국교육
Ⅰ-4 전환시대의 전환적 교육
Ⅰ-5 교육이 바로 서야 나라가 산다

Ⅱ. 장학-리더십론 시리즈

Ⅱ-1 장학의 이론과 실제: Ⅰ 이론편
Ⅱ-2 장학의 이론과 실제: Ⅱ 실제편
Ⅱ-3 수업관찰분석과 수업연구(공저)
Ⅱ-4 전환적 장학과 학교경영
Ⅱ-5 장학: 장학자와 교사의 상호작용 (역, A. Blumberg 저)
Ⅱ-6 임상장학(역, Acheson & Gall 저)
Ⅱ-7 교육행정 특강
Ⅱ-8 교장의 리더십과 장학
Ⅱ-9 교장의 질관리 장학
Ⅱ-10 교육개혁과 교장의 리더십
Ⅱ-11 선택적 장학(역, A. Glatthorn 저)
Ⅱ-12 장학 연구
Ⅱ-13 인간자원장학(역, Sergiovanni & Starratt 저)

Ⅲ. 교육행정 시리즈

Ⅲ-1 올바른 교육행정을 지향하여
Ⅲ-2 한국교육행정강론
Ⅲ-3 미국의 교육행정
Ⅲ-4 지방교육자치와 대학자치
Ⅲ-5 전환기의 교육행정과 학교경영
Ⅲ-6 고등교육연구
Ⅲ-7 교육조직연구
Ⅲ-8 교육정책의 방향(역, J. Rich 저)

Ⅳ. 교육행정철학 시리즈

Ⅳ-1 교육행정철학(역, C. Hodgkinson 저)
Ⅳ-2 리더십의 철학(역, C. Hodgkinson 저)
Ⅳ-3 대안적 교육행정학(공역, W. Foster 저)
Ⅳ-4 교육행정사상의 변화

Ⅴ. 교육행정 관련 학문 시리즈

Ⅴ-1 교양인간관계론(역, Ellenson 저)
Ⅴ-2 입문 비교교육학(역, A. R. Trethwey 저)
Ⅴ-3 사회과학이론입문(역, P. D. Reynolds 저)
Ⅴ-4 허즈버그의 직무동기이론 (역, Herzberg 저)
Ⅴ-5 미국의 대학평가(역, Marcus, Leone, & Goldber 저)

Making Im Possible a Possible

不可能의 成就 불가능의 성취

2009년 10월 1일 1판 1쇄 인쇄
2009년 10월 10일 1판 1쇄 발행

지은이 • 주삼환
펴낸이 • 김진환
펴낸곳 • (주) 학지사
121-837 서울특별시 마포구 서교동 352-29 마인드월드빌딩 5층
대표전화 • 02)330-5114 팩스 • 02)324-2345
등록번호 • 제313-2006-000265호

홈페이지 • http://www.hakjisa.co.kr
커뮤니티 • http://cafe.naver.com/hakjisa

ISBN 978-89-6330-227-0 03370

정가 9,000원

저자와의 협약으로 인지는 생략합니다.
파본은 구입처에서 교환해 드립니다.